因地制宜发展新质生产力丛书

丛书主编：黄汉权

因地制宜发展

新质生产力

实践篇

中国宏观经济研究院编写组　著

中国发展出版社
CHINA DEVELOPMENT PRESS

图书在版编目（CIP）数据

因地制宜发展新质生产力 . 实践篇 / 中国宏观经济
研究院编写组著 . —北京：中国发展出版社，2024.
11. —（因地制宜发展新质生产力丛书 / 黄汉权主编）.
ISBN 978-7-5177-1440-8

Ⅰ. F120.2

中国国家版本馆 CIP 数据核字第 202424JK95 号

书　　　名：因地制宜发展新质生产力：实践篇
著作责任者：中国宏观经济研究院编写组
责 任 编 辑：郭心蕊　　王海燕
出 版 发 行：中国发展出版社
联 系 地 址：北京经济技术开发区荣华中路 22 号亦城财富中心 1 号楼 8 层（100176）
标 准 书 号：ISBN 978-7-5177-1440-8
经 销 者：各地新华书店
印 刷 者：北京博海升彩色印刷有限公司
开　　　本：710mm×1000mm　1/16
印　　　张：14
字　　　数：210 千字
版　　　次：2024 年 11 月第 1 版
印　　　次：2024 年 11 月第 1 次印刷
定　　　价：68.00 元

联 系 电 话：（010）68990635 68990625
购 书 热 线：（010）68990682 68990686
网 络 订 购：http://zgfzcbs.tmall.com
网 购 电 话：（010）88333349 68990639
本 社 网 址：http://www.develpress.com
电 子 邮 件：187182397@qq.com

"因地制宜发展新质生产力丛书"
编委会

丛书主编

黄汉权

丛书副主编

刘泉红　　周毅仁　　孙学工　　盛朝迅

丛书编委（按姓氏笔画排序）

丁尚宇	王　妍	王　磊	王云平	王励晴	王明姬
王继源	公丕萍	卢　伟	田智宇	刘　敏	刘立峰
刘保奎	刘振中	许　生	李　忠	李　智	李子文
李沛霖	李星晨	李晓琳	李爱民	杨　萍	吴　迪
余新创	应晓妮	陈　凯	陈　曦	陈大鹏	罗　蓉
金田林	周　振	赵　盟	赵阳华	荣　晨	侯燕磊
聂新伟	贾若祥	徐建伟	徐唯燊	郭叶波	黄征学
盛思鑫	盛雯雯	韩　晓	韩　祺	窦红涛	潘　彪
魏　丽	魏　巍				

总序 *

习近平总书记关于发展新质生产力的重要论述，是马克思主义生产力理论的重大创新，是习近平经济思想的最新成果，深化了我们党对生产力发展规律的认识，为新时代新征程用新的生产力理论指导新的发展实践指明了方向、提供了遵循。

一、深刻理解新质生产力的科学内涵和基本特征

"新质生产力是创新起主导作用，摆脱传统经济增长方式、生产力发展路径，具有高科技、高效能、高质量特征，符合新发展理念的先进生产力质态"，"科技创新能够催生新产业、新模式、新动能，是发展新质生产力的核心要素"，"新质生产力本身就是绿色生产力"，"因地制宜发展新质生产力"，"发展新质生产力，必须进一步全面深化改革，形成与之相适应的新型生产关系"……习近平总书记的一系列重要论述，深刻阐明了新质生产力的基本内涵、本质特征、核心标志、核心要素、形成规律以及实现路径等重要问题，是历史逻辑、理论逻辑和实践逻辑的统一。

---

*　本序为丛书主编黄汉权 2024 年发表在《求是》上的《深刻领悟发展新质生产力的核心要义和实践要求》一文。

从历史逻辑看，新质生产力由技术革命性突破、生产要素创新性配置、产业深度转型升级而催生。社会生产力每次出现大的跃升，都对应着新技术对旧技术的"创造性毁灭"。从第一次工业革命的蒸汽机发明到第二次工业革命的电机发明和电气应用，再到第三次工业革命的信息技术突破，每一次科技革命都肇始于划时代的颠覆性技术创新，都带来生产力的飞跃和经济社会的重大变革，人类社会由此从农业社会递次步入工业化、电气化、信息化时代。从历史经验看，历次产业革命都有一些共同特点：一是有新的科学理论做基础，二是有相应的新生产工具出现，三是形成大量新的投资热点和就业岗位，四是经济结构和发展方式发生重大调整并形成新的规模化经济效应，五是社会生产生活方式有新的重要变革。这些要素，目前都在加快积累和成熟中。当前，全球新一轮科技革命和产业变革深入发展。与前三次工业革命不同的是，这一轮科技革命和产业变革以数据等新型生产要素的产生和应用为重要标志，以包括算力、算法、网络通信在内的数字技术、人工智能为底层技术和核心技术，以数字化、智能化、绿色化为方向，具有多领域技术群体突破、交叉融合以及技术迭代加快、创新周期缩短等特征。伴随群体性技术的整体性突破，势必引起生产要素配置方式的深刻变化，给产业形态、产业结构、产业组织方式带来深刻影响，进而推动产业深度转型升级，通过"技术—要素—产业"链条传导，最终形成新的生产力质态。

从理论逻辑看，新质生产力以劳动者、劳动资料、劳动对象及其优化组合的跃升为基本内涵。生产力是马克思主义的一个基本范畴，一般认为，劳动者、劳动资料、劳动对象是生产力的构成要素。根据马克思主义生产力理论，科学技术通过渗透到生产力的构成要素之中，引起它们变化，从而促进社会生产力发展；在社会生产力的发展中，科学技术推动社会生产的作用日益增强。习近平总书记关于发展新质生产力的重要论述，继承了马克思主义生产力理论的分析框架，同时又赋予其新的内涵，进行了创新和发展。从劳动者看，人是生产力中最活跃的因素，没有创新型人才、战略型人才以及掌握现代技术的新型劳动者，加快形成和发展新质生产力也就是一句空话。从劳动资料看，由颠覆性技术带来的生产工具变革往往是新科技革命的主要标志。在新一轮科技革命和产业变革中，大数据、云计算、区块链、人工智能、量子技术等更高科技含量的新型工具不断涌现，为新质生产力提供了动力源泉。从劳动对象看，数字资源、虚拟空间、生物基因、微观粒子等都成为人类劳动的对象，大大拓展了生产新边界，创造了生产新空间。当前，新一轮科技革命和产业变革呈现源头创新、跨界融合、多点突破的新趋势，对生产资源的配置模式、创新要素的流通机制、技术研发的组织构架、创新主体的管理方式都提出新的要求，发展新质生产力需要劳动者、劳动资料、劳动对象在新技术赋能和催化下，实现优化组合和更高效率的配置，进而为大幅提高全要素生产率提供必要条件。

从实践逻辑看，新质生产力已经在实践中形成，需要我们进一步深化认识并大力推动生产力迭代发展和质的跃升。科学只有转化为技术并应用于生产，才能成为现实的生产力。党的十八大以来，我国科技事业迅速发展，一批重大创新成果竞相涌现，一些前沿方向进入并行、领跑阶段，现代化产业体系建设取得重要进展，新质生产力已经在实践中形成并展示出对高质量发展的强劲推动力、支撑力。在技术新突破方面，我们充分发挥国家战略科技力量作用，围绕关键共性技术、前沿引领技术、现代工程技术、颠覆性技术创新，打好关键核心技术攻坚战。在要素新组合方面，在我国，技术、资金、人才、劳动力、数据、土地、管理等一系列重要的生产要素日益实现便捷化流动、网络化共享、系统化整合、协作化开发和高效化利用，特别是数据作为新的生产要素被引入生产函数，极大拓展了生产可能性边界，深度赋能实体经济转型升级。在产业新形态方面，人工智能、低空经济等具有时代标志和时代特点的新产业新业态加快成熟。在培育新型劳动者方面，我们致力于畅通教育、科技、人才良性循环，优化学科设置、创新人才培养模式，实行更加开放的人才政策，打造全球人才高地，营造鼓励创新、宽容失败的良好氛围，努力培养造就一批具有国际水平的战略科技人才、科技领军人才、青年科技人才和高水平创新团队。

二、全面看待我国发展新质生产力的优势和条件

新一轮科技革命和产业变革正在与世界百年未有之大变局形成历史性交汇，其主要特点是重大颠覆性技术不断涌现，科技成果转化速度加快，产业组织形式和产业链条更具垄断性。"谁在创新上先行一步，谁就能拥有引领发展的主动权。"世界各主要国家纷纷出台创新战略，加大投入，加强人才、专利、标准等战略性创新资源的争夺。我国推动科技事业快速发展，取得举世瞩目成就，根本就在于我们拥有独特的优势和宝贵的经验，能够充分发挥社会主义制度优越性，充分调动人才的积极性、主动性、创造性，集中力量办大事，抓重大、抓尖端、抓基本。我国已进入高质量发展阶段，加快发展新质生产力更具坚实的基础和良好的社会环境。

中国特色社会主义制度优势为发展新质生产力提供可靠保障。我们显著的优势是我国社会主义制度能够集中力量办大事。这是我们成就事业的重要法宝。正是依靠这一优势，我们一次次实现了从无到有、

从小到大、从弱到强的突破，用几十年时间走完了西方发达国家几百年走过的工业化道路。当前，科技创新越来越需要多学科交叉融合和高效协同攻关，亟须有效整合科技资源，发挥国家战略科技力量的引领作用。近年来，党中央不断加强对科技工作的集中统一领导，健全新型举国体制，有力发挥有效市场和有为政府的作用，充分调动各方面积极性，显著提升了国家创新体系整体效能。

不断提升的科技能力为发展新质生产力注入强大动能。经过多年发展，我国科技创新条件不断改善，2023 年全社会研究与试验发展经费投入超过 3.3 万亿元，研发投入强度提升到 2.64%，超过经济合作与发展组织（OECD）国家平均水平。重大科学基础设施加快布局，国家大科学装置在建和运行 57 个，纳入新序列管理的国家工程研究中心 207 个，国家企业技术中心 1798 家，国家级科技企业孵化器 1606 家，国家备案众创空间 2376 家。科技创新在众多领域取得重大突破，"嫦娥"探月、"天问"探火等深空探测项目成功实施，量子信息、干细胞、脑科学等前沿方向取得重大原创成果，太阳能光伏、新能源汽车、数字经济等领域实现换道超车，5G 网络运用全球领先。

产业体系配套完整的供给优势为发展新质生产力提供重要载体。产业是新质生产力发展的重要载体。党的十八大以来，我国大力推进战略性新兴产业发展，前瞻布局类脑智能、量子信息等未来产业新赛道，新一代电子信息、新能源、新材料、新能源汽车等一批技术含量高、成长性强的新产业持续壮大。2023 年战略性新兴产业占国内生产总值比重从 2012 年的 5% 提高到 13% 以上。同时，我国工业特别是制造业体系完整，既为孕育前沿技术和颠覆性技术提供了良好条件，也为新兴产业、未来产业发展提供了配套支撑。比如，围绕锂离子蓄电池，从上游的原材料，到中游的电解液、隔膜、电芯，再到下游的新能源汽车、消费电子和储能电站应用，上中下游集群共生、联动发展，规模经济效应充分彰显，也正是凭借完整的制造业体系优势，我国新能源汽车在国际市场上才更具竞争力。

海量数据的资源优势为发展新质生产力提供要素支撑。数据作为新型生产要素，是形成新质生产力的重要资源，对传统生产方式变革具有重大影响。我国人口数量众多，人们每日的生产生活消费活动都会产生大量数据，消费电子、电子商务、移动支付等领域的市场规模位居全球第一，且仍处于快速增长阶段，直接催生社交媒体、移动出行、数字医疗等产业爆发式增长。我国制造业规模世界第一，机器设备台（套）数存量也是世界第一，工业机器人保有量占世界 1/3，有力支撑了工业互联网的快速兴起。2023 年我国数据生产总量超 32ZB。这些场景形成的海量数据资源，为发展新质生产力提供了丰富的"原料"供给。

超大规模的市场优势为发展新质生产力拓展需求空间。我国拥有超过 14 亿人口，中等收入群体超过 4 亿人，经营主体超过 1.8 亿户，2023 年社会消费品零售总额超过 47 万亿元，是全球第二大商品消费市场、第一大网络零售市场。近年来，以新能源汽车、锂电池、光伏产品为代表的"新三样"产品在技术创新、生产制造、市场销售上形成良性互动，庞大国内市场成为"新三样"技术迭代、产品升级、走向国际的关键支撑，2023 年"新三样"产品出口值合计超过万亿元。同时，中国巨量市场需求持续吸引全球的新技术新产品，成为吸引外商投资的强大引力场。比如，特斯拉上海超级工厂，正是依托庞大的中国市场，快速形成规模经济效应，有效降低成本，加速技术迭代，成为其全球最大的智能工厂。

大量高素质劳动者和企业家的人才优势为发展新质生产力提供了

人才支撑。人才是第一资源。一支规模宏大、素质优良、结构不断优化、作用日益突出的人才队伍，是发展新质生产力最活跃、最具主动性的因素。2022年我国研发人员全时当量提高到635万人年，规模连续多年稳居世界首位。入选世界高被引科学家数量从2014年的111人次增至2022年的1169人次，排名世界第二。人才资源总量达到2.2亿人，高技能人才超过6000万人，每年理工科毕业生超过发达国家理工科毕业生总和。2023年世界500强中国企业上榜数量位居全球首位，拥有一批具有国际眼光和创新思维的企业家人才队伍。这些丰富的人力资源为发展新质生产力提供了坚实的人才支撑。

三、积极探索发展新质生产力的实现路径

新质生产力是摆脱传统经济增长方式、生产力发展路径的先进生产力质态，对生产资源的配置模式、创新要素的流通机制、技术研发的组织构架、创新主体的管理方式等都提出了新的要求。要遵循新质生产力发展的客观规律，从实际出发，先立后破、因地制宜、分类指导，坚持以科技创新引领产业创新，加快发展方式绿色转型，统筹推进深层次改革和高水平开放，畅通教育科技人才良性循环，为发展新质生产力提供坚实保障。

大力推动前沿技术和颠覆性技术的科技创新，加快建设现代化产业体系。前沿技术和颠覆性技术能够催生新产业、新模式、新动能，是新质生产力的重要来源。要健全新型举国体制，强化国家战略科技力量，发挥好企业创新主体作用，高效整合科技资源协同攻关，瞄准人工智能、量子科技、集成电路、生物制造、脑科学、深空深海等前沿领域，坚决打赢关键核心技术攻坚战，促进前沿技术和颠覆性技术

加速涌现。以科技创新推动产业创新，及时将科技创新成果应用到具体产业和产业链上，统筹推进传统产业改造升级、新兴产业培育壮大、未来产业有序布局，实现新技术从"实验室"向"生产线"的跨越。围绕发展新质生产力布局产业链，提升产业链供应链韧性和安全水平，保证产业体系自主可控、安全可靠。大力发展数字经济，促进数字经济和实体经济深度融合，打造具有国际竞争力的数字产业集群。

遵循科技创新和产业发展规律，因地制宜发展新质生产力。我国幅员辽阔，各地基础条件和发展水平各异，要根据资源禀赋、产业基础、科研条件等，有选择地推动新产业、新模式、新动能发展，不能一哄而上、泡沫化、搞一种模式。传统产业同样蕴含新质生产力，各地发展新质生产力不能忽视、抛弃传统产业，要注重用新技术改造提升传统产业，加快向高端化、智能化、绿色化转型。发达地区的科研机构密集、人才数量多、科技实力雄厚，要聚焦国家战略需求，大力推进关键核心技术突破，提升原创性、颠覆性技术供给能力。其他地区要突出优势特色，把发展新质生产力的重点放在应用前沿技术和颠覆性技术改造提升传统产业上，使之脱胎换骨，焕发新活力。

加快发展方式绿色转型，推动形成绿色生产力。绿色发展是高质量发展的底色，新质生产力本身就是绿色生产力。必须牢固树立和践行绿水青山就是金山银山的理念，坚定不移走生态优先、绿色发展之路。破解绿色发展难题，关键靠科技。要加快绿色科技创新和先进绿色技术推广应用，做强绿色制造业，发展绿色服务业，壮大绿色能源产业，发展绿色低碳产业和供应链，打造高效生态绿色产业集群，构建绿色低碳循环经济体系。健全有利于绿色转型的体制机制，持续优化支持绿色低碳发展的经济政策工具箱。同时，在全社会大力倡导绿色健康生活方式。

统筹推进深层次改革和高水平开放，形成与新质生产力相适应的新型生产关系。发展新质生产力既是发展的命题，也是改革的命题。如何加快形成与新质生产力相适应的新型生产关系，是当前各地各部门在发展实践中遇到的一个现实问题。要深化经济体制、科技体制等改革，着力打通束缚新质生产力发展的堵点卡点，加快建设全国统一大市场，建立高标准市场体系，创新生产要素配置方式，让各类先进优质生产要素向新质生产力顺畅流动。以制度型开放为重点，扩大高水平对外开放，打造国际一流营商环境，加强国际科技合作，形成具有全球竞争力的开放创新生态，为发展新质生产力营造良好国际环境。

畅通教育科技人才良性循环，加快培育新型劳动者队伍。要完善人才培养、引进、使用、合理流动的工作机制，持续强化国家战略人才力量，大力造就能够创造新质生产力的战略人才和能够熟练掌握新质生产资料的应用型人才。深化教育改革，根据科技发展新趋势，优化高等学校学科设置、人才培养模式，为发展新质生产力培养急需人才。深入推进科研院所改革，加快形成符合科研规律、有效满足国家发展和市场需求的科技创新体制。健全要素参与收入分配机制，激发劳动、知识、技术、管理、资本和数据等生产要素活力，更好体现知识、技术、人才的市场价值。实施更加开放的人才政策，加快构建具有国际竞争力的人才引进使用机制，增强对世界优秀人才的吸引力，聚天下英才而用之。

中国宏观经济研究院院长

前言

　　发展新质生产力是以习近平同志为核心的党中央立足新一轮科技革命和产业变革的时代背景，在不断深化生产力规律认识的基础上，围绕高质量发展这个首要任务作出的重大决策部署。2023 年 9 月，习近平总书记在主持召开新时代推动东北全面振兴座谈会上提到新质生产力，提出积极培育新能源、新材料、先进制造、电子信息等战略性新兴产业，积极培育未来产业，加快形成新质生产力，增强发展新动能①。2024 年 1 月 31 日，习近平总书记在中共中央政治局第十一次集体学习时再次强调，发展新质生产力是推动高质量发展的内在要求和重要着力点，并对新质生产力是什么、为什么、如何做进行了系统论述②。党的二十届三中全会通过的《中共中央关于进一步全面深化改革、推进中国式现代化的决定》明确提出，健全因地制宜发展新质生产力体制机制，从改革视角对发展新质生产力作出全面系统部署。

　　发展新质生产力与区域发展息息相关，是各地立足自身比较优势推动高质量发展的关键抓手。习近平总书记指出，我国幅员辽阔、人口众多，各地区自然资源禀赋差别之大在世界上是少有的，统筹区域

---

① 《习近平主持召开新时代推动东北全面振兴座谈会上强调 牢牢把握东北的重要使命 奋力谱写东北全面振兴新篇章》，《人民日报》2023 年 9 月 10 日。

② 《习近平在中共中央政治局第十一次集体学习时强调 加快发展新质生产力 扎实推进高质量发展》，《人民日报》2024 年 2 月 2 日。

发展从来都是一个重大问题①。要注重发挥比较优势，推动形成优势互补、高质量发展的区域经济布局。2024 年 3 月，习近平总书记参加十四届全国人大二次会议江苏代表团审议时强调，要牢牢把握高质量发展这个首要任务，因地制宜发展新质生产力②。特别是，我国东部、中部、西部和东北地区发展差距显著，即便在同一地区、同一省区内部，各地的区位条件、资源禀赋及发展基础也存在显著差异，不能简单要求齐步走、一刀切，而是要充分发掘比较优势、制定差异化政策，因地制宜探索新质生产力发展路径及模式。正是基于上述考虑，习近平总书记强调，各地要坚持从实际出发，先立后破、因地制宜、分类指导，根据本地的资源禀赋、产业基础、科研条件等，有选择地推动新产业、新模式、新动能发展，用新技术改造提升传统产业，积极促进产业高端化、智能化、绿色化；要防止一哄而上、泡沫化，也不要搞一种模式③。习近平总书记的这一重要论述，为各地立足自身发展实际，积极探索各具特色的发展路径及模式，差异化、有序发展新质生产力指明了方向。

近年来，各地区积极推动创新发展及产业升级，为加快发展新质生产力提供了扎实基础和有益实践。例如，北京以国际科技创新中心为牵引，加快布局新兴产业和未来产业，全面推动发展方式绿色转型，着力打通束缚发展的堵点卡点，全方位竞逐新质生产力。又如，合肥全力打造全球科创名城，坚定不移下好创新"先手棋"，不遗余力、锲而不舍支持科技创新，以科技创新推动产业迭代升级，让科技创新这个"关键变量"成为高质量发展的"最大增量"，在发展新质生产力方

①　习近平：《推动形成优势互补高质量发展的区域经济布局》，《求是》2019 年第 24 期。
②③　《习近平在参加江苏代表团审议时强调 因地制宜发展新质生产力》，《人民日报》2024 年 3 月 6 日。

面走出了独特路径。再如，深圳不断强化企业主导地位，积极推动企业主导的产学研深度融合，以此促进战略性新兴产业和未来产业发展，走出了新质生产力发展的"深圳模式"。

为深入贯彻落实党的二十届三中全会提出的健全因地制宜发展新质生产力体制机制，我们第一时间梳理总结了部分代表性省（区、市）及企业在发展新质生产力方面的亮点做法，形成了一批发展新质生产力的实践案例，以期为国内相关地区推动相关工作提供经验借鉴及实践支撑。《因地制宜发展新质生产力：实践篇》由黄汉权任主编，周毅仁、李晓琳、贾若祥任副主编，共分七章整理了新质生产力的地方及企业实践。第一章聚焦习近平总书记提出的因地制宜发展新质生产力的重大要求[①]，具体阐述了新质生产力催生培育的区域条件，深入解读了因地制宜发展新质生产力需要统筹的三个关系及具体路径，为各地区发展新质生产力提供了方向及路径指引，由周毅仁、李晓琳执笔。第二、三、四章分别聚焦高质量发展的三大动力源地区，即京津冀地区、长三角地区、粤港澳大湾区，梳理总结了代表性省份、城市、园区平台及企业在培育发展新质生产力方面采取的重大举措及成效，第二章由黄征学、郭叶波、潘彪执笔，第三章由刘保奎、刘敏、郭叶波、金田林执笔，第四章由李晓琳、公丕萍、徐唯燊执笔。第五、六、七章分别聚焦中部、西部及东北地区，梳理总结了代表性地区、园区平台及企业培育发展新质生产力的亮点做法及经验成效，第五章由贾若祥、王继源、窦红涛执笔，第六章由卢伟、聂新伟、李沛霖执笔，第七章由李爱民、李智、李沛霖执笔。

新质生产力内涵要义丰富、博大、精深，各地对其理解及实践仍

---

① 《习近平在参加江苏代表团审议时强调 因地制宜发展新质生产力》，《人民日报》2024年3月6日。

处于初期探索阶段。编写组在筛选梳理相关实践案例过程中，力求全面、准确、深刻把握新质生产力的内涵，尽可能涵盖各大板块及重大区域性战略，精准有效提炼相关地区及企业发展新质生产力的路径、经验及亮点做法。但限于专业水平和研究深度广度，我们对新质生产力这一创新概念及发展路径的认识仍存在诸多不足，在筛选汇集案例过程中难免挂一漏万，恳请诸位读者、专家批评指正！

目录

第一章

因地制宜发展新质生产力的战略要求与实践路径

　　因地制宜发展新质生产力提出以后，成为各地高度关注的热点重点，各地围绕新材料、新能源、高端装备、电子信息、新能源汽车、绿色环保等新兴产业领域加快成链成群，围绕人工智能、生物制造、低空经济、新型储能、机器人、未来网络、6G 通信等未来产业赛道加快谋划建设一批前瞻性项目，积极运用数智化、绿色化新技术改造提升传统产业，并提出提高创新能力、优化产业结构、打通技术转化堵点、加强人才队伍建设等具体举措。从全国来看，新质生产力发展最终要落在区域上，不同地区形成发展新质生产力应基于对自身条件的客观判断，最大限度发挥各自比较优势；如果各地脱离实事求是、因地制宜的原则，就可能导致"产业同质"等问题。因地制宜发展新质生产力要坚持全国区域发展"一盘棋"，把"等不得"与"急不得"、"先行"与"后发"、"共性"与"特性"有机统筹起来，加快形成各有特色、优势互补的新质生产力发展格局。

一、客观认识催生新质生产力对区域条件的三大要求

　　2024 年 3 月 5 日，习近平总书记参加十四届全国人大二次会议江苏代表团审议时强调，发展新质生产力不是忽视、放弃传统产业，要防止一哄而上、泡沫化，也不要搞一种模式。各地要坚持从实际出发，先立后破、因地制宜、分类指导，根据本地的资源禀赋、产业基础、科研条件等，有选择地推动新产业、新模式、新动能发展，用新技术

改造提升传统产业，积极促进产业高端化、智能化、绿色化。① 党的二十届三中全会通过的《中共中央关于进一步全面深化改革、推进中国式现代化的决定》指出，要健全因地制宜发展新质生产力体制机制。

新质生产力发展最终要落在区域上，不同地区形成发展新质生产力应基于对自身条件的科学判断。习近平总书记指出，新质生产力由技术革命性突破、生产要素创新性配置、产业深度转型升级而催生②。催生新质生产力对区域条件有三大要求，不同地区发展新质生产力必然无法"一刀切""齐步走"；脱离了自身发展实际去盲目"求新"，很可能导致资源浪费和要素低效率配置。因此，发展新质生产力的实践路径要求必须坚持因地制宜的原则。

（一）要求承载区域在技术层面能够孕育形成原创性、颠覆性科技创新

发展新质生产力的源头是新技术，特别是要重视数字技术和绿色技术的突破和应用。这就要求承载区域能够承载起创新策源地功能，具备活跃的创新主体、优越的创新环境、高素质的劳动者队伍、完善的要素支撑、良好的制度环境，促进各类科技创新成果竞相涌现，在全球新一轮技术和产业变革中形成竞争优势、赢得战略主动。

党的十八大以来，我国布局建设北京、上海、粤港澳大湾区三大国际科技创新中心，北京怀柔、上海张江、安徽合肥、粤港澳大湾区等 4 个综合性国家科学中心等高水平创新平台，支持成渝地区双城经济圈共建具有全国影响力的科技创新中心，武汉、西安全力打造区域创新高地。

---

① 《习近平在参加江苏代表团审议时强调 因地制宜发展新质生产力》，《人民日报》2024 年 3 月 6 日。

② 习近平：《发展新质生产力是推动高质量发展的内在要求和重要着力点》，《求是》2024 年第 11 期。

（二）要求承载区域在产业层面具有丰富的应用场景和较强的转化能力

生产力变革最终体现在产业体系的迭代升级上。从产业维度看，新质生产力在产业上的体现包括改造提升传统产业，培育壮大新兴产业，布局建设未来产业[①]。这就要求承载区域具有扎实的产业基础，在制造业智能化、绿色化、创新化发展上具备先行条件，促进战略性新兴产业和未来产业发展，实现产业体系的持续迭代优化，抢占全球价值链中高端。

当前，我国先进制造业集中分布在长三角、珠三角、京津冀等动力源地区，基础扎实、配套完善、科技含量高、与国际市场高度接轨。例如，粤港澳大湾区构建起以电子信息制造、先进装备制造为支柱和一般加工制造为基础的现代制造业体系，已经形成新一代信息通信、超高清视频和智能家电等国家级先进制造业集群。同时，部分中西部城市紧紧抓住新一轮科技革命的机遇，积极承接东部地区及全球产业转移，成都、重庆、郑州、合肥、西安等城市已成为全球电子信息、新型显示、新能源汽车、航空航天等重要的研发和制造基地。

（三）要求承载区域能够大胆改革创新、使生产关系更加适应新质生产力的发展

新质生产力的形成，会引起生产关系的变化，必须通过进一步全面深化改革、扩大高水平对外开放来实现。这就要求承载区域具有改革开放的主动性和先行性，能够以创新性改革举措建立高标准市场体系，促进技术、人才、资金等生产要素向新质生产力发展顺畅流动。其中，高素质的人才队伍是核心要素保障，这就要求承载区域能

---

① 《习近平在中共中央政治局第十一次集体学习时强调 加快发展新质生产力 扎实推进高质量发展》，《人民日报》2024年2月2日。

够形成适应新质生产力发展要求的战略性人才队伍和应用型人才队伍，创新人才培养、引进、使用、合理流动的工作机制，激发各类人才活力。

党的十八大以来，我国持续巩固东部沿海地区改革开放先导地位，发挥京津冀、长三角、粤港澳大湾区开放引领作用，深圳、上海浦东新区等改革开放高地持续形成先进经验并在全国范围内复制推广，在重点领域和关键环节改革成效持续显现。推动"一带一路"建设与国家区域重大战略衔接，提高中西部和东北地区开放水平。布局建设高水平开放平台，支持海南逐步探索、稳步推进中国特色自由贸易港建设，先后部署设立21个自由贸易试验区，完善沿边重点开发开放试验区、边境经济合作区、跨境经济合作区功能。

二、有效统筹好三个方面重要关系

各地需要尊重客观规律，从全局角度科学研判科技创新和产业发展趋势规律，基于自身比较优势分析，找到符合自身发展的路径，把"等不得"与"急不得"、"先行"与"后发"、"共性"与"特性"有机统筹起来，将因地制宜发展新质生产力落实在不同区域载体上。

（一）处理好"等不得"与"急不得"的关系

发展新质生产力是我国顺应新技术革命和产业变革趋势、构筑新竞争优势和赢得发展主动权的战略选择。发展新质生产力需要加快形成技术革命性突破，深入实施创新驱动发展战略，牢牢扭住自主创新这个"牛鼻子"，加大源头性技术储备，加快应用性技术研发，推动劳动资料迭代升级。在基础零部件（元器件）、基础材料、基础软件、高端芯片、工业软件等"等不得"的关键领域，要支持有条件的优势地区尽快实现核心技术突破，大力提升底层技术、关键核心技术自主供给能力和原始创新能力，全力推动产业化应用。

对于其他地区，要立足本地产业发展实际，充分认识到新质生产力发展"急不得"的客观规律，逐步完善发展新质生产力所需要的要素支撑环境，形成与新质生产力更相适应的生产关系，坚决避免"一哄而上"，防止重复建设，形成差异化、特色化的新兴产业发展格局。

（二）处理好"先行"与"后发"的关系

我国幅员辽阔、人口众多，各地区自然资源禀赋差别之大在世界上是少有的，再加上历史、文化等多种因素影响，地区间的差异会始终存在。因此在发展新质生产力的过程中，各地的要素构成条件、资源禀赋条件必然各有不同。伴随着我国市场体系的日趋完善，各类生产要素自由流动并向优势地区集中，这是资源配置效率不断提高的必然趋势。从我国区域经济发展的格局来看，以三大动力源地区为代表的东部沿海地区、中心城市和城市群已经形成了先发优势，在新质生产力发展中要承担起引擎功能，发挥好辐射带动作用。

中西部和东北地区科技创新和产业发展基础相对薄弱，但在资源承载力、要素成本等方面相较于东部地区仍然具有优势，要加强不同地区间创新链产业链协同，推动后发地区积极承接产业转移，促进传统产业转型升级，在区域协调发展中提高发展效率，进一步促进新质生产力发展。

（三）处理好"共性"与"特性"的关系

因地制宜发展新质生产力既有共性问题，又有个性问题。从共性上来看，各地都要思考如何用好新技术、如何构建好人才队伍、如何通过更高水平的改革开放释放要素活力，对于共性问题，部分地区率先探索出好的路径、好的做法，要及时在全国复制推广。同时，不同区域因为其自然资源禀赋和区位等条件差异，从主体功能定位上看有所不同，生态地区、农业地区、能源资源地区等承担着维护生态安全、农业安全、能源资源安全的重要功能，这些地区发展新质生产力要充分考虑好安全与发展的关系，着力将特色优势资源转化为新质生产力。

三、因地制宜发展新质生产力的实践路径

在具体实践中，应准确把握因地制宜发展新质生产力的科学内涵和实践要求，增强优势地区策源功能，深入推动区域协调发展，强化区域联动，深入挖掘不同地区人才红利，促进不同地区比较优势充分发挥。

（一）增强优势地区引领功能

以"点"发力支持京津冀、长三角、粤港澳大湾区等优势地区引领技术突破和产业策源。面向世界科技前沿、面向国家重大需求，支持三大动力源地区在关键核心技术、创新成果转化、高端平台赋能上持续攻坚。京津冀地区以北京科技创新中心建设为统领，加强对基础技术、非对称技术、颠覆性技术研究的系统布局，加快集聚创新要素资源、高起点布局高端高新产业。长三角地区以上海科技创新中心建设为引领，组织国际大科学计划和工程，加强分工逐项突破，在脑科学与类脑研究、量子通信、大数据、未来网络、新材料等领域取得突破，带动新兴产业发展。粤港澳大湾区统筹利用港澳优质科技创新资源，对标全球一流水平建设粤港澳大湾区国际科技创新中心，推动粤港澳三地在集成电路、精密仪器、人工智能、生物技术、海洋科技等领域创新链产业链深度融合，形成具有全球竞争力的产业集群。

支持优势地区建设新质生产力发展试验载体。推动试验载体基于

自身实际，从不同维度探索发展新质生产力的路径，赋予试验区更大改革权限，在科技体制改革、要素市场改革、支持民营经济发展、优化人才政策供给等方面实施更加积极的制度创新举措。适时形成一批典型经验和典型案例，为各地因地制宜发展新质生产力提供参考借鉴。

（二）促进不同地区充分发挥比较优势

推动西部地区立足资源禀赋形成特色产业集群。支持新疆、内蒙古、宁夏等省份大力发展非化石能源，推进以沙漠、戈壁、荒漠地区为重点的大型风电光伏基地建设，推动云南、四川等省份因地制宜开发水电，发展"绿电"。支持西部地区在新能源、新材料、生物医药、先进装备制造、现代农牧业等领域着力打造若干特色支柱产业。加大力度支持西部地区补齐交通、水利、能源等基础设施空白，全面优化发展环境。

推动中部地区立足实体经济根基提升产业竞争力。发挥中部地区连南接北、承东启西的区位优势，加快建设合肥、武汉等创新高地，巩固扩大先进存储器、先进轨道交通装备、农机装备等先进制造优势，推动传统制造业改造升级和战略性新兴产业培育。

推动东北地区整合优化科教创新资源促进产业升级。全力破解体制机制障碍，积极培育新能源、新材料、先进制造、电子信息等战略性新兴产业[1]，推动能源、化工、食品、轻工等传统行业数字化转型，积极发展冰雪经济和海洋经济。

推动不同类型重点功能区域用好独特资源。鼓励生态受益地区与生态保护地区、流域上下游通过资金补偿、产业转移、共建园区等方

---

[1] 《习近平主持召开新时代推动东北全面振兴座谈会强调 牢牢把握东北的重要使命 奋力谱写东北全面振兴新篇章》，《人民日报》2023 年 9 月 10 日。

式完善多元化横向生态补偿机制，创新生态产品价值实现机制，促进生态地区依托生态资源培育形成清洁能源、环保装备等优势产业。健全资源输出地与输入地之间的利益补偿机制，加快建立支持资源型地区经济转型长效机制，促进能源资源地依托丰富的能源资源培育形成新能源、新材料、数字经济等优势产业。建立粮食主产区与主销区之间的利益补偿机制，鼓励粮食主销区通过提供资金、人才、技术服务支持等方式开展产销协作，促进农业地区依托充足的农产品供给培育形成农产品精深加工、绿色食品等优势产业。

（三）强化区域联动合作

推动产业跨地区梯度转移。优化东西部产业协作机制，在中西部和东北地区布局建设承接产业转移重大平台，发挥好国家承接产业转移示范区引领作用，更好承接沿海地区电子信息、先进制造等产业转移，促进东部地区科研成果落地转化，建设国家战略腹地。

创新跨区域协作机制。积极开展规划衔接、政策沟通、产业协作、要素流动等合作，探索多种形式的区域协同发展机制和产业转移引导机制，推动建立区域间产业转移税收分享机制。创新跨省"飞地经济"等合作开发模式，建立成本共担和利益共享机制。围绕就业信息共享、劳务合作交流、创业服务互动、产业精准承接等方面研究建立合作机制。支持欠发达地区发挥土地资源优势，以委托管理、投资合作等形式与发达地区共建产业园区，通过设立分园、委托管理等方式深化园区共建合作。

深挖中西部和东北地区新质生产力发展空间潜力。以长江中游城市群、关中平原城市群、中原城市群、哈长城市群、兰州—西宁城市群、宁夏沿黄城市群、呼包鄂榆城市群等中西部和东北地区城市群分类提升和结构优化为重点，加快提升中心城市发展能级，增强区域引擎带动作用。将柳州、赣州、遵义等培育为承接产业转移、支撑省际交界地区协调发展的动力传导型城市。

（四）优化区域开放布局

推动沿海地区引领制度型开放。发挥好上海自贸区临港新片区、横琴粤澳深度合作区、前海深港现代服务业合作区和北京市服务业扩大开放综合示范区等开放高地示范引领作用，对标国际自由贸易港、自由贸易区高标准经贸规则体系，加快在投资、贸易、资金、运输、人员和数据跨境流动等重点领域率先实现重大突破。支持广东、江苏、浙江、上海、山东、福建等外贸大省（市）发挥高新技术产品出口竞争优势和民营外贸企业活跃优势，拓展产业空间。

提升内陆和沿边开放支撑能力。以融入共建"一带一路"为引领，高效衔接西部陆海新通道、中欧班列、中老铁路等重要通道。支持新疆加快丝绸之路经济带核心区建设，支持云南建设面向南亚、东南亚的辐射中心，推动广西打造国内国际双循环市场经营便利地；加快推动中部省份主动对接新亚欧大陆桥、西部陆海新通道，高标准建设安徽、河南、湖北、湖南自由贸易试验区，加快郑州—卢森堡"空中丝绸之路"建设，推动江西内陆开放型经济试验区建设；推动东北地区依托中国（黑龙江）、中国（辽宁）自贸试验区以及中日（大连）、中韩（长春）、中德（沈阳）合作示范区等重大开放平台，完善面向东北亚的交通网络，深化面向东北亚开放。

推动开放平台提档升级。适时推动一批开放基础更趋成熟的平台"扩区"，有针对性地在条件成熟地区加大风险压力测试力度。支持自由贸易试验区、内陆开放型经济试验区、沿边临港产业园、国家级经开区等平台高质量发展，发展高水平开放型经济，推进贸易投资便利化改革创新，有力推动产业结构优化升级。研究内陆地区新增保税区、跨境电商综合试验区、国际陆港等多元化开放平台，助力内陆企业深度参与全球价值链分工。

提升海南自贸港全球影响力。既要充分借鉴全球成熟自贸港的先进经验，也要充分考虑我国国情，加强制度集成创新，围绕贸易、投资、跨境资金流动、人员进出、运输来往"五个自由便利"和数据安全有序流动持续深化开放举措，支持海南率先对接高标准国际经贸规则。聚焦南繁育种、深海科技、航空航天等领域开展技术攻关，高水平建设三亚崖州湾科技城、文昌国际航天城、博鳌乐城国际医疗旅游先行区、陵水黎安国际教育创新试验区、洋浦经济开发区等重大平台。持续优化发展环境，增强面向全球开放的发展活力和资源要素吸引力。

（五）释放不同地区人才红利

推动优势地区加快建设面向全球的国际化人才高地。支持北上广深等城市率先完善外籍高端、专业人才来华停居留政策，探索建立技术移民制度。支持建设高端国际人才社区，形成与国际接轨的人才生活保障服务新范式。支持高校前瞻性设立一批未来技术学院和现代产业学院，超常规布局一批急需学科专业，建立就业与招生联动培养机制。

推动中西部和东北地区着力形成应用型人才队伍。在中西部和东北地区围绕支柱产业培育规划布局一批具有专业和区域特色的高校和科研院所，推动建设一批产教融合型城市、企业和实训基地，推广现代学徒制和企业新型学徒制，开展大规模多层次职业技能培训，促进产业用工需求和职业技能培训有效衔接。鼓励中西部与东部地区高校、科研院所开展人才合作，深入推进职业教育东西协作行动。

（六）鼓励地方进一步深化改革创新

指导不同地方围绕新质生产力发展需要，根据各地实际和新质生产力发展重点，开展深层次改革探索，促进形成与新质生产力更相适应的生产关系。加快建立全国统一大市场，鼓励京津冀、长三角、珠三角等地区率先开展区域市场一体化建设，为其他地区以及全国一体化市场体系建设提供经验。推动地区间跨行政区市场准入、人员流动、产权保护等方面的制度对接，支持跨省交界地区探索行政区与功能区分离改革，大力破除行政性垄断和地方性保护，让各类先进优质生产要素向发展新质生产力顺畅流动，全面激发市场活力。积极推动东部地区先进改革经验推广复制，以经营主体需求为导向优化中西部地区和东北地区营商环境，支持民营企业设立研发中心、专业化众创空间、制造业创新中心等创新平台，平等参与政府采购和科研项目招投标，构建能够与东部地区有效衔接的市场监管体系。

第二章

京津冀地区

京津冀地区面积 21.6 万平方公里、人口超过 1 亿人，2023 年经济总量达 10.4 万亿元，是引领全国高质量发展的三大重要动力源之一，也是培育和发展新质生产力最为活跃的地区之一。2023 年 5 月，习近平总书记在主持召开深入推进京津冀协同发展座谈会上强调，努力使京津冀成为中国式现代化建设的先行区、示范区[①]，为京津冀协同发展指明了方向。在发展新质生产力方面，京津冀地区积累了一些好做法、好经验，可以成为先行区、示范区。

一、北京：立足首都优势全方位竞逐新质生产力

北京是全国政治中心、文化中心、国际交往中心、科技创新中心，在培育新质生产力方面具有产业、教育、科技和人才等诸多优势。近年来，北京持续推进国际科技创新中心建设，加快布局新兴产业和未来产业，全面推动发展方式绿色转型，着力打通束缚发展的堵点卡点，全方位竞逐新质生产力，有基础、有底气、有实力。

（一）聚焦建设国际科技创新中心

科技创新是发展新质生产力的核心要素。北京科研院所、高新技术企业等科技资源丰富，自主创新能力强，具备抢占全球科技制高点的条件。目前，北京正朝着建设具有全球影响力的全国科技创

---

① 《习近平在河北考察并主持召开深入推进京津冀协同发展座谈会时强调 以更加奋发有为的精神状态推进各项工作 推动京津冀协同发展不断迈上新台阶》，《人民日报》2023 年 5 月 13 日。

新中心，打造世界高端企业总部聚集之都、世界高端人才聚集之都迈进。

1. 搭建高能级平台汇集创新资源

近年来，北京围绕国际科技创新中心建设，聚力打造中关村国家自主创新示范区"主阵地"和中关村科学城、怀柔科学城、未来科学城、创新型产业集群示范区"三城一区"主平台。中关村国家自主创新示范区主要是推进先行先试改革，加快建设世界领先的科技园区。中关村科学城主要是充分发挥一流高校院所、高新技术企业、顶尖人才集聚优势，系统布局基础前沿和关键核心技术，实现更多"从0到1"的原始创新。怀柔科学城主要是建设综合性国家科学中心，加快形成重大科技基础设施集群，努力打造成为世界级原始创新承载区。截至2024年4月，怀柔科学城已经布局37个科技设施平台，其中29个于"十三五"时期开工建设，已有10个进入运行状态，预计到2025年这29个科技设施平台将全部运行。未来科学城主要是紧抓生物技术、生命科学、先进能源、数字智造等发展机遇，加强东西联动，推进能源谷、生命谷、沙河高教园"两谷一园"建设。创新型产业集群示范区主要承接"三城"创新成果外溢，建设高精尖产业主阵地和成果转化示范区。截至2024年4月，北京汇集了近百所高校、超千家科研院所，拥有全国重点实验室77家，占全国总量的28.1%。

2. 长期高强度投入形成一大批创新成果

长期以来，北京高度重视科技创新投入，研发投资强度稳居全国首位。2022年，北京全社会研究与试验发展（R&D）经费总量为2843.3亿元，同比增长8.1%，占全国R&D经费投入的比重为9.2%，占比保持稳定。自2019年起，北京的全社会R&D经费投入强度多年保持在 6% 以上，总体呈上升态势，2022 年提升至 6.83%（见图 2-1）。高投入带来高产出，从科研成果看，北京市被引论文数量、万人发明专利拥有量位居全国首位。2023 年，北京市全年发明专利授权量 10.8 万件，占全国的 11.7%；年末拥有有效发明专利 57.4 万件，占全国的 11.5%；PCT 国际专利申请量 11438 件，占全国的 15.4%；每万人口高价值发明专利拥有量 137.0 件，是全国平均水平的 11.6 倍；全年技术合同成交额 8536.9 亿元，占全国的 13.9%[①]。大批国家重大科技基础设施在京建设运行，北京的大科学装置数量位居全国首位，基础研究类获奖成果数量大幅增加，涌现出一批具有国际影响力的原始创新成果。

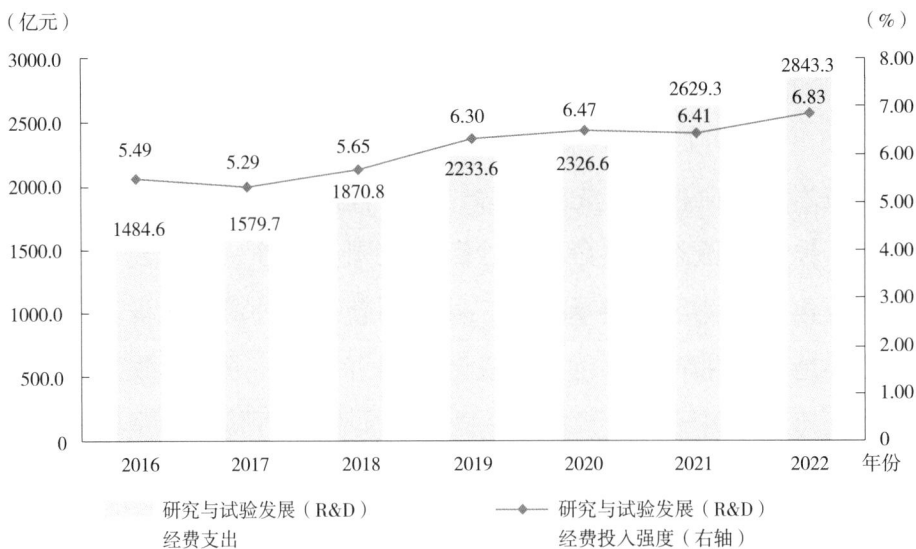

（亿元）　　　　　　　　　　　　　　　　　　　　　　　　（%）

年份	经费支出	投入强度
2016	1484.6	5.49
2017	1579.7	5.29
2018	1870.8	5.65
2019	2233.6	6.30
2020	2326.6	6.47
2021	2629.3	6.41
2022	2843.3	6.83

研究与试验发展（R&D）经费支出　　　研究与试验发展（R&D）经费投入强度（右轴）

图 2-1　2016—2022 年北京市 R&D 经费投入强度

资料来源：《2022 年北京全社会研究与试验发展（R&D）经费投入情况》，2023。

---

① 《2022 年北京全社会研究与试验发展（R&D）经费投入情况》，北京统计公众号，2023 年 9 月 19 日。

3. 持续完善创新生态，发挥企业创新主体作用

创新激励方面，设立科技创新母基金，规模达 300 亿元，80% 投向原始创新和成果转化阶段，最长投资期为 15 年。北京 80% 的科创企业是硬科技企业，创新质量大幅提升。企业创新引领方面，北京市基于企业全生命周期发展阶段，相继出台了针对科技型中小企业、前沿技术和颠覆性技术创新企业、国家高新技术企业、瞪羚企业、独角兽企业、领军企业等专项支持政策，以及小微企业研发补贴、企业科技研究开发机构、首都科技创新券、创新联合体、企业服务包等专门支持企业开展研发创新的相关政策，形成不断优化的支持政策体系[①]。截至 2023 年底，北京国家高新技术企业、专精特新"小巨人"企业、独角兽企业数量均居全国各城市首位，累计认定在有效期内的国家高新技术企业 2.83 万家，市级专精特新企业 7180 家，其中，国家级专精特新"小巨人"企业 795 家、独角兽企业 114 家。2022 年，全社会 R&D 经费投入中，企业投入占 43.6%，对全社会 R&D 经费增长的贡献率为 48.3%。

（二）聚力培育高精尖新兴产业和未来产业

新质生产力的本质是先进生产力，建设现代化产业体系是生产力转化的核心体现。北京市作为全国首个减量发展的超大城市，产业发展"减与加""舍与得"是选择题，也是必答题，近年来北京市把握产业数字化、智能化、绿色化、融合化发展趋势，全面推动传统产业转型升级，围绕十大高精尖领域壮大新兴产业集群，面向六大领域打造未来产业策源高地，推动先进制造业竞争力整体提升。

1. 聚力推动十大高精尖产业集群全部迈过千亿元门槛

2012 年以来，随着一般制造业企业疏解和落后产能淘汰加快，北

---

① 《走特色科技创新发展之路　北京科技企业蓬勃发展》，《科技日报》2022 年 11 月 29 日。

京逐步放弃"大而全"，转而聚焦"高精尖"。2017 年 12 月，北京市制定了《加快科技创新发展新一代信息技术等十个高精尖产业的指导意见》，选取了新一代信息技术、集成电路等 10 个产业作为重点发展的高精尖产业，分别编制了指导意见，在资金投入、人才培养、知识产权保护等方面制定了有针对性的配套支持政策，例如，提出采用政府购买服务的方式，支持新一代信息技术在民生领域的示范应用。2018 年进一步制定《北京市十大高精尖产业登记指导目录（2018 年版）》，有针对性地实施财税、金融、科技、人才、土地、规划等产业政策。近两年，北京市更多扶持高精尖重点工程密集上马。2023 年、2024 年北京接续推进的 300 项市级重点工程中，科技创新及高精尖产业项目占到 1/3 [①]。2024 年 1 月，设立规模 100 亿元的机器人产业发展投资基金，重点投向机器人本体、产业链零部件、产业链创新应用等领域。截至 2023 年，北京十大高精尖产业集群收入全部突破千亿级，其中，新一代信息技术产业超 3 万亿元，智能装备产业超 5 千亿元 [②]。

2. 面向六大领域布局培育 20 个未来产业

北京市未来产业发展基础扎实，2023 年 2 月，前沿科技咨询机构 ICV 发布的首个年度全球未来产业发展指数报告显示，未来产业 20 强城市中，北京仅次于旧金山，全球排名第 2。2023 年 9 月，北京市印发《北京市促进未来产业创新发展实施方案》，将未来产业聚焦在未来信息、健康、制造、能源、材料、空间六大领域 20 个产业。为支持未来产业落地，各区加强要素保障，例如，昌平区延续"拿地即开工"的"小米模式"，将一切审批手续前置办理，按着倒排工期"推"着各部门一起"跑"起来，比常规办理手续能省三四十天时间；经开区依

①② 《稳中求进——从十大超千亿产业集群看高精尖之变》，《北京日报》2024 年 2 月 21 日。

托经开区新城 225 平方公里内的产业园区和企业，对未来产业细分赛道进行分级谋划，实现"一赛道、一规划、一政策、一园区"，计划布局建设 30 个未来产业先导产业园区，培育形成 300 个未来产业优质企业，打造若干个领跑全球的未来产业集群。

3. 全力建设全球数字经济标杆城市

2021 年，北京市发布了《北京市关于加快建设全球经济标杆城市的实施方案》，到 2030 年实现建设目标。产业数字化方面，"十四五"以来，北京市实施"新智造 100"工程，制定《北京市制造业数字化转型实施方案（2024—2026 年）》，对于新获评为国家级智能制造标杆工厂、国家智能制造示范工厂、世界经济论坛"灯塔工厂"的企业，最高给予 3000 万元奖励；对人工智能大模型在制造业细分领域的垂类首次优秀示范应用给予 500 万元奖励。"十四五"以来，北京已建立 10 家产值过百亿元的智慧工厂，培育 103 家智能工厂和数字化车间。智能工厂和数字化车间关键工序装备数控化率达到 88.12%，生产设备联网率达到 79.55%。数字产业化方面，为充分发挥数据要素作用，2023 年北京率先发布地方版"数据二十条"，在多个重点领域先行先试，并建立全国首个数据基础制度先行区。围绕数字贸易发展，先后制定《北京市关于打造数字贸易试验区实施方案》《北京市关于促进数字贸易高质量发展的若干措施》等政策文件，旨在将北京打造成为具有全球影响力的数字经济和数字贸易先导区。统计数据显示，2023 年北京市实现数字经济增加值 18766.7 亿元，占地区生产总值的比重为 42.9%。

（三）扎实推进绿色北京战略

绿色发展是高质量发展的底色，新质生产力本身就是绿色生产力。党的十八大以来，北京市坚决以习近平生态文明思想为指引，深入实施绿色北京战略，在推动城市"减量"发展的深刻转型过程中把绿色发展摆在突出位置，取得了显著成效，绿色成为首都的亮丽底色。

1. 增存并举推动产业绿色化转型升级

一方面，严格遴选绿色增量产业，自2014年起制定实施并持续修订完善新增产业禁止和限制目录，最新的2022年版目录进一步瞄准"双碳"目标，引导新增产业和功能发展更加绿色低碳、生态环保。另一方面，大力推动存量产业绿色低碳改造，完善清洁生产促进工作机制和标准体系，创新开展清洁生产京津冀伙伴计划，推动实现政策协同、标准协同、治理协同和生态环保效益协同，加强重点用能和碳排放企业管理，2021年起，依托"互联网＋监管"平台对全市重点用能单位实施了全覆盖的节能综合监察；2023年度北京有882家排放单位被纳入重点碳排放企业管理，有398家排放单位被纳入一般碳排放单位管理。组织开展工业节能诊断服务，重点行业企业实施能效达标、能效"领跑者"遴选等活动，鼓励企业对标先进提质改造。持续推进工业绿色制造体系建设，推进绿色制造示范创建。截至2024年5月，全市有国家级绿色工厂131家，绿色供应链管理示范企业25家、绿色园区2个。

2. 技术创新加速绿色低碳转型

2022年以来，已有26个项目先后获评北京市先进低碳技术试点，初步测算年减碳量可达到51万吨。分批次印发北京市创新型绿色技术推荐目录，累计推荐了90项绿色技术，覆盖能源节约、替代能源生产、固体废物减量化及资源化、减碳固碳等10余个重点领域。公开推荐了3个需求应用场景，吸引一批绿色技术企业"揭榜"，引导供给与需求对接。结合产业结构和碳排放特征，在高校、电力生产和计算机通信电子设备制造等3个领域评选5家低碳"领跑者"，带动供应链上下游协同降碳。发布北京市节能技术产品推荐目录（2023年本），涵盖建筑围护结构、供热锅炉系统、空调通风系统、照明和采光系统、电力电气技术、数据中心节能技术、能源管理系统、新能源与可再生能源利用等领域53项节能技术产品。组织实施节能技改奖励政策，"十四五"以来，累计支持了60个项目实施节能技术改造，累计节能量约2.8万吨标准煤，减少二氧化碳排放约5.8万吨。

3. 大力发展绿色金融

作为国家金融管理中心，北京的绿色金融发展走在全国前列，政策体系和顶层制度安排日渐完善。绿色政策设计方面，出台了《金融支持北京绿色低碳高质量发展的意见》《"两区"建设绿色金融改革开放发展行动方案》等，建立了"绿色金融专班工作机制"和"绿色金融专家委员会"。绿色金融产品创新方面，首单"碳中和"绿色金融债券、全国首单绿色汽车分期资产支持证券、全球多币种"碳中和"主题境外绿色债券成功发行。创新推出"京绿融"支小再贷款专项产品和"京绿通"再贴现专项产品。截至2022年末，北京市本外币绿色贷款余额约1.5万亿元；非金融企业累计发行绿色债券超1900亿元，规模居全国首位。绿色金融基础设施方面，2008年8月成立北京绿色交易所，积极推进绿色金融平台建设，着力打造面向全球的国家级绿色交易所；支持《碳金融产品》发布，为金融机构开发、实施碳金融产品提供有效指引。

（四）全面深化改革打通堵点难点

北京聚焦要素市场化配置改革，在优化营商环境、畅通教育—科技—人才的良性循环等方面持续发力，为发展新质生产力营造良好环境。

1. 深入推进要素市场化配置改革

土地改革方面，北京率先将建设项目选址意见书与用地预审合并办理，同时按照"应放尽放"的原则，除跨区域行政许可等少数几类事项之外，其余事项办理权限下放至区级部门，同时推动"告知承诺制"改革，对符合条件的社会投资低风险项目、集中供地项目、集体建设用地零星公共公益项目推行以告知承诺制方式办理规划许可，将审批时间由 7 天压缩为 0.5 天[①]。数据要素改革方面，重点加强对公共数据的改革，建立全市公共数据共享机制，推动公共数据和相关业务系统互联互通，设立金融、医疗、交通、空间等核心领域的公共数据专区，推动公共数据有条件开放和社会化应用。同时，结合数据基础制度先行区建设，努力打造数据流通"亦庄模式"。资本要素改革方面，加快完善中小企业金融支持体系，2021 年 11 月，设立北京证券交易所，首批 81 家企业上市，其中，专精特新"小巨人"企业 17 家，87% 的企业属于先进制造、现代服务、高技术服务、战略性新兴产业等领域。同时，在全国率先开展股权投资和创业投资（即 PE 和 VC）份额转让试点，积极推动资本市场改革开放，发挥"两区"平台优势，吸引高盛、瑞银、瑞士信贷、摩根士丹利等国际投行加大布局。

2. 持续实施从 1.0 版到 6.0 版营商环境改革

营商环境是企业生存发展的土壤，提升营商环境没有最好、只有更好。近年来，北京市把优化营商环境作为转变政府职能、激发经营主体活力和经济发展内生动力的关键举措，聚焦市场化、法治化、便利化、国际化目标，持续实施 1.0 版到 6.0 版改革共 1200 余项举措，重点领域关键环节改革不断取得新突破，特别是一业一证、一件事、

---

① 《以高效能审批服务高质量发展》，《中国自然资源报》2023 年 6 月 13 日。

一体化综合监管"3个一"重点改革取得了明显成效。行政审批方面，按照直接取消、下放审批、审批改备案、实行告知承诺、优化审批服务等5种方式，持续提高审批效率和质量。监管执法方面，推行以"风险＋信用"为基础的一体化综合监管，根据企业信用风险分类结果确定检查方式和次数，2024年3月，已在物流、养老等50个场景初步实施，推动实现监管"无事不扰"。政务服务方面，深入推进"一门、一窗、一网"改革，按照"应进必进""能进尽进"的原则，市、区两级政务服务中心"一门"集中进驻率、"一窗"综合受理率、政务服务事项"全程网办"比例均达100%，大力推行"一件事一次办"，推出62项"一件事"集成服务，切实让企业群众少跑腿。

3. 加快培育和引进发展新质生产力急需的人才

人才是第一资源，北京市高度重视人才工作，既重视人才培养、引进、使用、顺畅流动工作机制的建立，又注重优化高等教育学科设置、人才培养模式，同时还加强人才国际交流工作，积极吸纳海外高端人才和留学人才，打造全球人才高地。实施海聚工程等人才计划，出台了"国际人才20条"等政策[①]。结合高水平对外开放和扩大境外人才引进，2021年起推出《北京市境外职业资格认可目录》，2023年版目录将境外职业资格增加到122项。连续4年编制北京"两区"建设人力资源开发目录，为各类用人单位提供指引。截至2024年1月，北京地区聚集了全国近一半的"两院"院士、超过三成的"高被引"科学家（339人次），超过1/4的"万人计划"专家。《北京人才发展报告（2023）》显示，截至2022年底，北京地区人才资源总量达到796.8万人，人才密度居国内城市第一。

---

① 《推动习近平新时代中国特色社会主义思想在京华大地形成更多生动实践——中共北京市委"中国这十年·北京"主题新闻发布会实录》，北京市人民政府网，2022年9月2日。

二、天津滨海新区：四措并举发展新质生产力

天津滨海新区作为全国第三个国家级新区，产业基础雄厚、制造业门类齐全，生物制造、细胞和基因治疗、脑科学与智能医学、自主信创等领域研发实力强，未来产业集聚区、未来技术典型应用场景、未来产业发展平台等加速搭建，协同创新生态体系高效运转，新质生产力呈现蓬勃发展态势，为国内其他地区提供可借鉴的经验。

（一）全力打造技术创新高地

新质生产力是科技创新发挥主导作用的生产力，以高技术为主要特征。天津滨海新区依托高新技术开发区和滨海—中关村科技园等功能平台，汇聚高品质创新要素，营造良好创新生态，瞄准产业前瞻性技术开展攻关，取得显著成效。

1. 搭建高能级创新平台

近些年来，天津滨海新区加快科技创新平台建设，打造孕育新质生产力的重要"孵化器"。截至2023年，滨海新区高标准建设信创、细胞生态、合成生物学等海河实验室，获批4家全国重点实验室、3家国家级创新中心、38家国家级企业技术中心[①]，拥有各类研发机构超570家，位居国家级新区前列，被授予国家级创新驱动示范区称号。天津国际生物医药联合研究院、天津科技大学、渤海大学滨海创新中心、国家电网天津市电力公司双碳运营管理分公司等9家单位共同发起成立"产学研"创新驱动联盟，构建"产学研"协作平台，寻求各方诉求的连接点，共同完善科技创新的重要环节，促进科技成果在滨海新

---

① 《从"小试管"到"大车间"——实验室激活滨海新区发展新动能》，新华网，2024年4月29日。

区的转化和应用，提升区域整体科技创新能力。

2. 完善创新生态体系

滨海新区依托滨海—中关村科技园，瞄准"类中关村创新生态"的目标，遵循"搭平台、强服务"思路，强化创新资源的链接，搭建综合性服务平台。推进"科创十字街"建设，在科技园建设支撑创新的信息交互平台、小联盟、小产业圈，强化创新空间之间的协调联动，激发创新活力。建立从科学家、高值知识产权科技成果到上市融资的发展路径，完善产业、创新、人才、金融配套政策体系，营造"核心＋基地＋网格"的环实验室产业生态。初步形成集知识产权创造、审核、运用、服务、保护于一体的服务体系，为科创企业量身打造知识产权保护"屏障"。坚持"产业引领、协同共赢、创新驱动、产城融合"的理念，主动融入京津冀协同发展，积极谋划建设滨海新区中央创新区，在对接、协同、改革、联动、联通上求突破，着力建设京津冀全面创新改革的引领区、吸引聚集全球创新资源的高地、京津冀协同创新共同体的示范区。

3. 畅通科技成果转化通道

滨海新区紧紧围绕提升科技成果转化专业化服务能力的目标，从建立机构、人才培养、资金支持等方面深化改革，提高科技成果转化效率。截至 2023 年底，滨海新区初步建立多层次技术转移机构，培养339 名持证技术经理人，形成"数字平台＋区域技转中心＋科创服务机构"科技成果转化专业服务体系，打造全域成果转化服务网络，搭建科技成果转化专业服务的"四梁八柱"。同时，加强科技人才队伍建设。2023 年前三季度，评选出滨海新区青年创新人才 46 人、高层次人才团队 1 个，并组织 7 名外籍人才申报获评 2023 年度天津市"海河友谊奖"及提名奖。优化财政资金奖励方式，鼓励在成果转化净收益中按约定比例落实专项资金，独立核算并用于技术转移运营机构或部门的能力建设和人员奖励。鼓励科技企业培养技术转移类人才，给予持证人才培训奖励补贴等。

（二）积极培育未来产业

天津滨海新区依托经开区小核酸产业集群、保税区生物制造谷、高新区信创谷、高新区细胞产业园4个未来产业集聚区，建设40余个未来技术典型应用场景，培育50余个未来产业龙头骨干企业和发展平台，在发展新质生产力上勇争先、善作为，有力推动科技创新和产业升级良性互动。

1. 积极发展小核酸产业

近年来，小核酸药物是全球投资新风口。截至2023年3月，国内开展的小核酸药物项目共35项，所有项目中占比最多的是心血管系统疾病，占所有项目的39.0%。滨海新区抢抓机遇，聚焦小核酸前沿领域，成立天津（经开区）核酸产业联盟，依托康希诺、凯莱英、天津科技大学、天津国际生物医药联合研究院等领军企业和高校院所，搭建集全产业链一站式服务于一体的平台，建设全产业链专业园区和产业集群。同时，积极探索"资源＋资本＋服务"的商业合作模式，以资本为纽带强化核酸药物全产业链上下游关联运作、协同赋能，推动形成政府、资本、资源多方协同，促进创新链、产业链、政策链、供应链、人才链加速集聚，着力打造具有全球影响力和竞争力的小核酸产业合作创新生态圈。

2. 创新发展生物制造产业

依托国家合成生物技术创新中心和中国科学院天津工业生物技术研究所两大国家级战略支撑平台以及中国科学院育成中心、中科天保智谷和瑞普生物智创谷等孵化平台，建设京津冀智能医药产业园，推动产业链和创新链融合发展，协同吸引创新要素和生产要素集聚。2023 年底，滨海新区拥有市级以上生物技术研发平台 100 个，生物医药企业超过 1500 家，生物医药科技型企业数量占天津市比重超过 50%，形成以创新药物、医疗器械、现代中药、基因检测、细胞治疗等为代表的生物制造产业集群。

3. 加快发展信创产业

近些年来，随着新一代信息技术深入推进，信创产业蓬勃发展。滨海新区于 2012 年进行"天河一号"超级计算机应用。2014 年，飞腾与麒麟两家企业在滨海新区落地生根，营造产业生态。2017 年，滨海新区成立软件定义互联技术与产业创新联盟，打造专利、标准、芯片、装备和软件的自主技术与产业生态。2020 年，成立天津信息技术应用创新产业（人才）联盟，促进国产操作系统设计优化，推动计算机软件自主可控。2021 年 11 月，信创海河实验室在滨海新区正式揭牌，协同龙头企业、产业联盟、孵化载体、创新平台等多元主体围绕信息技术自主可控目标，开展科研攻关、产业创新、成果转化、人才培养，推动信创产业成果"从 1 到 N"的快速转化。2023 年底，初步集聚以麒麟、曙光等龙头企业为代表的信创企业千余家，产业规模超 3000 亿元，拥有电子信息产业国家级新型工业化产业示范基地、软件和信息服务业国家级新型工业化产业示范基地，率先实现信创全产业链布局。

4. 谋划发展特色细胞产业

2021 年，滨海新区成立的细胞生态海河实验室，发挥新型研发机构的体制优势，吸引人才集聚，抢占未来赛道，发展细胞产业。截至 2023 年底，细胞生态海河实验室已引入 7 位院士，团队成员 700 余人，成为我国细胞领域重要的高端人才聚集地。依托海河实验室平台，短短几年时间，初步形成在国内颇具影响力的干细胞产业、免疫细胞产业、疫苗抗体产业、基因治疗产业、基因检测产业，细胞全产业链加快构建。2021 年，天津市细胞产业创新型产业集群成功入选国家级创新型产业集群。从空间分布看，基本形成小区域内专业集中、大区域内分工协同的布局特点，聚集了 80 余家重点企业，构建起"龙头拉动、配套跟进、集群发展"的产业梯队。

（三）加快发展绿色经济

新质生产力本身就是绿色生产力。加快发展新质生产力，要坚定不移地走生态优先、绿色发展之路，提升经济发展"含绿量"，助力碳达峰碳中和。天津滨海新区秉持"绿水青山就是金山银山"的理念，实施绿色低碳发展和生态文明建设行动，在绿色发展的赛道上逐浪奔涌。

1. 发展壮大绿色低碳产业

自 2017 年滨海新区开展绿色制造体系创建以来，通过降低产业能耗、优化产业布局，推进产业高端化、结构低碳化、园区绿色化，涌现一批绿色工厂、绿色车间。2022 年底，滨海新区累计获评 2 个国家级绿色园区、46 家国家级绿色工厂、23 家国家级绿色供应链管理企业[①]。瞄准高端化、智能化方向，滨海新区加快布局氢气储—运—充，燃料电池客车、燃料电池汽车检测等相关产业，着力构建绿色制造体系。截至 2022 年，天津港保税区拥有加氢母站 1 座、加氢站 6 座，运营氢能燃料电池车辆（含叉车、物流车、公交大巴等）超过 800 辆，初步建成全国氢能产业示范园。同时，依托中新天津生态城，吸引国内外优质绿色产业集聚，重点发展氢能、新型储能和新能源装备等优势产业。

---

① 《执"生态"之笔　擘画美丽"滨城"全景图》，《天津日报》2023 年 10 月 5 日。

2. 加快构建绿色低碳能源体系

近年来，天津滨海新区持续推动能源结构优化，大力发展氢能、光伏、风电等能源产业，推进"盐光互补"、海上光伏、储能等示范项目，加快产业增绿步伐①。2022 年，滨海新区氢气年产能已达 1600 吨，高新区企业 TCL 中环光伏单晶硅片出货量全球第 1、区熔单晶硅片销量全球第 3，华电海晶 1000 兆瓦项目是全国单体最大的"盐光互补"光伏项目。同时，倡导绿色出行，建设一批换电站、充电站和加氢站，建设"无废城市"。2024 年建成的首个电动汽车充换电站包含 1 个公交换电站、1 个汽车换电站和 10 个 DC 充电桩。此外，深入实施传统能源节能降碳改造，推动工业绿色微电网建设，探索开展海上漂浮式光伏项目，推动深远海海上风电建设，着力提高清洁能源利用比例。推进分布式发电市场化交易，把更多有高比例绿电需求的产业园区纳入"隔墙售电"试点。

3. 积极开展碳排放核算和交易

滨海新区坚持生态优先、绿色发展，以"生态 +"引领城市建设，走出一条经济发展高质量和生态环境高颜值的协同发展之路。2022 年 7 月，滨海新区与天津排放权交易所合作，组织实施林业碳汇项目。2023 年 11 月，依托林业碳汇一期项目，以"生态司法 + 碳汇代偿"模式开展生态产品价值转化，共核准二氧化碳减排量 1.4965 万吨，核算金额 100 余万元，购买金额位列全国前列。该项目的成功实践标志着天津市"生态司法 + 碳汇代偿"等替代性修复模式迈出坚实步伐。同时，把生态转化价值投入森林资源管护，结合"871"生态保护修复工程，深入实施碳汇能力提升行动，建设碳汇储备库，推进碳汇交易试点。

---

① 《执"生态"之笔 擘画美丽"滨城"全景图》，《天津日报》2023 年 10 月 5 日。

（四）深化重点领域改革

滨海新区深入实施要素配置、市场主体、营商环境等重大改革，加快制度型开放，推动改革开放先行区由"施工图"变成"实景图"。

1. 协同配合提升土地要素市场化配置水平

滨海新区依托被自然资源部列为集体经营性建设用地入市改革试点的重大平台，积极深化工业用地标准化改革，提高土地要素配置效率。发挥自贸区金融改革创新引领辐射作用，积极发展融资租赁、产业金融、航运金融等特色金融，探索"融资租赁 + 保税维修"等一批首创性、可用性强、市场需求大的金融创新政策，释放资本要素活力。截至 2023 年底，滨海新区已完成超 2200 架飞机租赁和 650 余艘国际船舶租赁业务，飞机、国际航运船舶租赁业务规模超过全国总量的 70%，是全球第二大飞机租赁聚集地和中国最大的租赁飞机资产交易中心。依托 2023 年 5 月成立的北方大数据交易（服务）中心，建立市场化主导的数据交易服务机构，形成跨区域、跨行业的流通交易系统，汇聚大数据相关产业，盘活存量数据资产。试运营期间，大数据交易中心意向交易额达到 1.5 亿元。

2. 大力实施市场主体改革

滨海新区以国企"一企一策"改革为牵引，健全中央和地方企业合作机制，推进区属平台公司市场化转型，探索国有资产盘活的新模式，仅 2023 年就盘活闲置资产收益 50 亿元。完善绩效管理考核办法，引导国企做强主责主业，加快国有资本向新质生产力投资布局。[①] 积极探索经营性国有资产集中统一监管的方式，高水平建设国资国企在线监管系统，提高专业化法治化监管水平。

---

① 《构建高效创新生态体系 发展新质生产力》，《经济参考报》2024 年 4 月 17 日。

3. 对标对表，全面优化营商环境

对标世界银行新营商环境评估框架，推动营商环境改革提质升级，天津市率先开展高频证照"一件事"改革，上线运行共 12 类 39 项业务，受益企业高达 499 家。结合滨海新区"行政区 + 功能区"管理特点，持续深化开放区法定机构改革，编制行政许可事项实施规范，制定员额管理具体办法和差异化绩效考核实施细则，提高合规管理质效。探索建立政策一致性评估机制，开展惠企政策综合性集成创新，打造惠企政策"免申即享""即申即享"升级版。

4. 多措并举释放外需潜能

2023 年 9 月天津保税港挂牌 RCEP 企业服务中心，助力区内外企业抓住 RCEP"窗口期"，拓展外贸渠道。天津自贸试验区积极推出"小切口、见效快"的改革举措，打通堵点、解决难点、消除痛点，着力深化制度型开放。例如，2022 年底印发的《天津市生物医药企业（研发机构）研发用物品进口试点方案》，创新性建立"白名单"制度，打通长期掣肘生物医药产业发展的梗阻。截至 2023 年，自贸区累计实施 615 项制度创新举措，33 项改革试点经验和 6 个"最佳实践案例"在全国范围内复制推广，172 项经验案例在京津冀复制推广，发布 153 个金融专项创新案例。[①] 2023 年以来，开通"保税 + 专列""二手车出口 + 保税 + 中欧班列""保税 + 中转集拼"等一系列特色班列，保障国际产业链供应链畅通稳定。积极发展"跨境电商 + 产业带""龙头企业 + 跨境电商 + 海外仓"等模式，支持企业布局海外仓。截至 2023 年底，滨海新区在境外布局的海外仓超过 40 个。

---

① 《滨城打造改革新高地开放新平台》，天津市人民政府网，2023 年 12 月 22 日。

三、河北：创新驱动产业焕新发展新质生产力

作为传统产业大省，河北省近年来紧紧围绕构建现代化产业体系，坚持联动京津、产业焕新、借"绿"突围、深化改革，以科技创新引领产业变革，积极培育战略性新兴产业，布局建设未来产业，焕发传统产业转型升级新活力，加快催生新产业、新模式、新动能，让新质生产力澎湃在"冀"。

（一）联动京津，持续增强创新驱动发展能力

1. 借助北京和天津科技之力推动协同创新

京津冀是我国创新资源最密集、创新活跃度最高的地区之一。近年来，京津冀加快构建科技协同创新共同体，2015年10月京津冀科技创新公共服务平台成立，2017年7月《京津冀人才一体化发展规划（2017—2030）》出台，2018年11月签订《关于共同推进京津冀协同创新共同体建设合作协议（2018—2020年）》。依托北京、天津雄厚的科技资源，河北积极推进京津冀国家技术创新中心、河北中心、雄安中心建设，推动建立雄安高校协同创新联盟、中国科学院雄安创新研究院、雄安新区中关村科技园，与北京、天津协同开展共性关键技术研究，携手打造新能源和智能网联汽车、机器人等重点产业链，探索形成了"京津研发、河北转化"新模式。2023年，河北承接京津转入法人单位1092个、产业活动单位646个；吸纳京津技术合同成交额达810亿元，是2014年的12倍；京津专利技术在河北转化1339次，同比增长74.74%。

2. 持续加大创新投入并推进集聚式创新

从创新投入增长看，近十年来，河北加大了科技创新投入力度，

与全国研发强度的差距大幅缩小。2012—2022 年，R&D 经费从 245.8 亿元增至 848.9 亿元，R&D 经费投入强度从 0.92% 提高到 2.0%，在全国排名从第 20 名上升至第 16 名（见图 2-2）。从区域创新分布看，全省科技创新活动主要集中在唐山、石家庄和保定。2022 年这 3 座城市的 R&D 经费投入合计占全省的 56.0%，2023 年这 3 座城市战略性新兴产业创新百强企业数量占全省的 53.0%。从行业创新分布看，创新投入主要集中在黑色金属冶炼和压延加工业、汽车制造业、电气机械和器材制造业、金属制品业。2022 年这 4 个行业规模以上工业企业的 R&D 经费投入分别达 165.7 亿元、117.5 亿元、42.76 亿元、42.28 亿元，合计占全省的 57.9%。

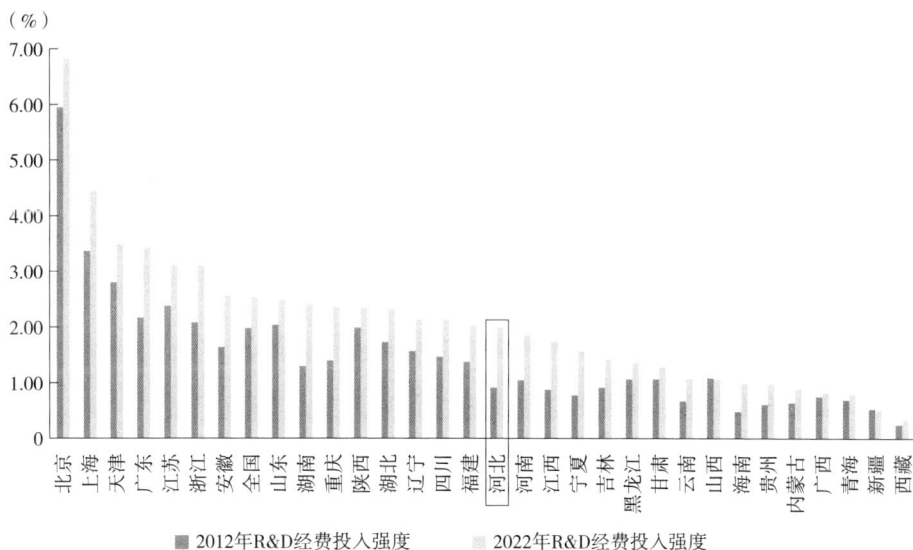

图 2-2 2012 年、2022 年部分省份 R&D 经费投入强度

资料来源：根据 2012 年、2022 年全国科技经费投入统计公报绘制。

3. 采取实招让企业成为真正的创新主体

近年来，河北采取了一系列支持企业创新的政策。2016 年 9 月出台了《河北省科技创新券实施细则（试行）》，截至 2023 年底，累计发放创新券 1.42 亿元，支持科技企业 2142 家。2022 年，河北省将科技型中小企业研发费用加计扣除比例从 75% 提升至 100%。这些政策有效刺激了企业增强创新活力。2022 年，河北省企业、政府属研究机构、高等学校 R&D 经费支出所占比重分别为 83.3%、9.3% 和 6.5%，其中，企业 R&D 经费所占比重比全国平均水平高 5.7 个百分点。2023 年，河北省国资委监管企业的研发强度处于全国前列，26 家企业跻身全国民营企业研发投入 500 强，国家科技型中小企业达 2 万多家，新增 6 个国家中小企业特色产业集群。

4. 完善创新服务体系，促进科技成果转化

河北省不断优化创新环境，完善技术创新服务体系，促进科技成果转化为现实的新质生产力。截至 2023 年底，建立了 168 家技术转移机构，为科技成果供需双方提供精准服务。成果转移转化服务平台不断增加，2023 年建立了 42 个校企研发机构和服务平台，河北省科技成果转化网已汇集科技信息资源 12 万余条，形成科技成果展示、交易、转化、产业化全链条服务体系。技术转移队伍专业化水平持续提高，2020 年以来培育了 3000 多名技术经理人。2023 年，河北省共签订技术合同 22613 项，技术合同成交额 1789.9 亿元，同比增长 22.1%。

（二）产业焕新，积极发展战略性新兴产业和未来产业

1. 引导战略性新兴产业高速发展

河北坚持以科技创新引领现代化产业体系建设，促进科技与产业融合创新，积极培育发展新质生产力。2018 年 3 月，河北省制定了《河北省战略性新兴产业发展三年行动计划》，明确提出要建设 30 个战略性新兴产业示范基地。2023 年 4 月，河北省印发了《加快河北省战略性新兴产业融合集群发展行动方案（2023—2027 年）》，明确提出重点支持生物医药、新一代电子信息、新能源汽车等 9 个产业集群，重点培育软件和信息服务、新材料、现代中医药等 8 个产业集群。在政策引导下，石家庄生物医药等产业集群营业收入从 2021 年的 716 亿元增至 2023 年的 1079 亿元。2023 年河北省高新技术产业增加值增长 7.5%，展示出新质生产力对高质量发展的强劲推动力、支撑力。2024 年前 4 个月，河北规模以上工业中，新能源汽车整车制造业增加值增长 4.8 倍，城市轨道交通设备制造业增长 100%，生物化学农药及微生物农药制造业增长 23.4%。

2. 积极开辟未来产业发展新赛道

河北坚持向产业要未来，向未来要产业，加快拓展新质生产力发展空间，取得了显著成效。河北省明确提出，2023—2027 年要在雄安新区、张家口、石家庄、唐山、保定等城市，积极推进空天信息、先进算力、鸿蒙欧拉、前沿新材料、基因与细胞、绿色氢能等 6 个未来产业发展。近年来，河北省依托雄安新区、石家庄、廊坊、保定，积极承接京津创新资源，推动组建中国空天信息和卫星互联网创新联盟，加速推进空天信息产业园建设，加快打造成为全国空天信息产业发展新高地。依托张家口数据中心集群建设，承接疏解北京等大数据产业和算力溢出需求，不断夯实"算力底座"，加快打造联通京津的算力经济廊道，根据中国信息通信研究院发布的《中国综合算力指数（2023 年）》，河北综合算力指数排名全国第 4，其中算力指数排名全国第 1。2023 年，河北上云企业增至 9.1 万家，企业工业设备上云率增至 24.8%，连续 3 年位居全国第 1。

3. 焕发传统产业转型升级新活力

作为传统产业大省，河北瞄准高端化、智能化、绿色化，加快推动钢铁、石化、食品等行业技术改造，取得了明显成效。例如，河北钢铁产业在转型升级中培育出新质生产力，一批重点产品处于国内外领先地位。河钢集团着力打造超高强度全系列钢种，高端品种钢比例近80%，引领国内自主品牌汽车用材料迭代升级，已成为我国第二大汽车用钢供应商。津西集团的热轧H型钢、钢板桩在国内的市场占有率已分别高达90%、45%，打破了对国外进口的依赖。首钢迁钢生产的无取向硅钢产量全国第一。新兴铸管生产的高合金及双金属复合管填补了国际市场空白。又如，化工企业通过企业入云重振雄风。裕泰化工集团曾作为邯郸民营企业十强，2013年由于资金链问题陷入困境，后来通过上云实现"智能进化"，年综合效益提升近5000万元，一举逆袭为5G智慧工厂。

（三）借"绿"突围，大力发展绿色生产力

1. 推动重点产业逐"绿"前行

2022年以来，河北省加快推进7个重点行业环保绩效创A，推动传统产业借"绿"突围。钢铁行业先行试水，广泛应用低碳冶金、洁净钢冶炼等技术，大幅增加了"含新量"和"含绿量"，环保绩效A级企业、国家级绿色工厂数量分别增至36家、38家，均居全国首位。石化行业也坚持向上突围。例如，河北鑫海控股集团积极推进高品质、绿色化、数智化转型，废水处理后可达到锅炉用水标准，二氧化硫排放量仅为国家标准的30%，在中国企业500强榜单中从2022年第492位上升为2023年第407位，鑫海石油化工文化园也获评国家AAA级旅游景区。

2. 数字赋能节能减排

河北省力推"十万企业上云"，开展数智赋能行动，积极培育新动能，促进节能减排，形成新质生产力。例如，近年来，中信戴卡股份有限公司通过运用人工智能、5G网络、大数据等高新技术，落地实施多项智能化科技项目，实现了生产成本降低33%、设备综合效率提升

21.4%、能源使用效率提升 39%。该公司已成为全球领先的铝合金车轮制造商、全球汽车零部件百强企业，2021 年成为全球铝车轮行业首家"灯塔工厂"。

3. 强化生态文明建设

近年来，河北省以打好蓝天、碧水、净土保卫战为抓手，协同推进降碳、减污、扩绿、增长。2023 年，设区市空气质量"退后十"成果得到巩固。全省地表水国考断面优良比例稳定在 80% 以上，地下水开采量压减 1.89 亿立方米。万元国内生产总值用水量 45.3 立方米（2015 年价），同比下降 2.8%。规模以上工业非化石能源发电量 961.7 亿千瓦时，同比增长 12.0%。新增 4 家国家生态文明建设示范区和"两山"实践创新基地。

（四）深化改革，打通束缚新质生产力发展的堵点卡点

1. 深化科技体制改革

近年来，河北着眼打通科技创新的堵点卡点，出台了一系列制度和改革办法。2015 年 10 月，河北省委、省政府印发了《关于深化科技体制改革加快推进创新发展的实施意见》。2018 年 3 月出台了《河北省科技奖励制度改革方案》。2022 年 4 月出台了《河北省科技计划项目"揭榜挂帅"组织实施工作指引》。为打破科技成果"不愿转、不敢转、不能转"的困境，河北从 2022 年开始赋予科研人员职务科技成果所有权或长期使用权试点，促使高校"千万级"成果转化项目加速涌现。为有效融通政产学研，实施研发费用加计扣除等普惠性政策，开展省产业技术研究院建设试点，推动更多科技成果转化为现实生产力。

2. 深化教育体制改革

百年大计，教育为本。为培养高素质人才，河北省积极推进教育体制改革。2021 年 6 月，河北省委、省政府出台了《河北省推进教育高质量发展实施方案》。2021 年 9 月，河北省人民政府学位委员会、河

北省教育厅发布了《关于深化新时代高等教育学科专业体系改革的实施意见》。2023 年 4 月，河北省教育厅制定了《教育强省建设行动方案（2023—2027 年）》，明确河北教育改革发展的总体思路和目标，制定了党建引领、时代新人铸魂、服务重大战略等 12 项行动计划。

3. 深化人才体制改革

创新的根基是人才。围绕人才引进来、留得住、用得好，河北省加快深化人才体制改革。为了对不同年龄、不同层次青年人才实行全谱系支持和梯次培养，河北省形成了青年科学基金、优秀青年科学基金、杰出青年科学基金、燕赵青年科学家"四步走"梯次推进的青年人才培养机制。为了给科技企业发展提供强大智力支持，2023 年河北省组建 318 个专精特新"小巨人"企业科技特派团。为聚天下英才办好千年大计、国家大事，雄安新区出台了《关于打造创新高地和创业热土聚集新人才的若干措施》。

四、小米科技：以科技创新为驱动加速发展新质生产力

小米科技有限责任公司（以下简称"小米科技"）成立于 2010 年 4 月，是以"人车家全生态"为核心战略的消费电子及智能制造企业，业务涵盖智能手机、智能硬件、智能电动汽车等。在小米科技的发展历程中，科技创新始终是推动企业前进的核心动力，小米生态链则以其独特的战略布局和产品服务，在全球构建了一个充满活力的智能生活生态系统。小米科技对技术革新的不懈追求，不仅彰显了其在推动产业升级和经济转型中的重要作用，也促进了新质生产力的加速发展。

（一）创新驱动企业不断迈上新台阶

小米是全球领先的智能手机品牌之一，建立了全球最大的消费级人工智能和物联网（AIoT）平台。2011—2023 年，小米科技年度营业收入从 5 亿元飞速增长至 2710 亿元（见图 2-3），年复合增长率达到了 69%，2019—2024 年已连续 6 年入选《财富》世界 500 强。

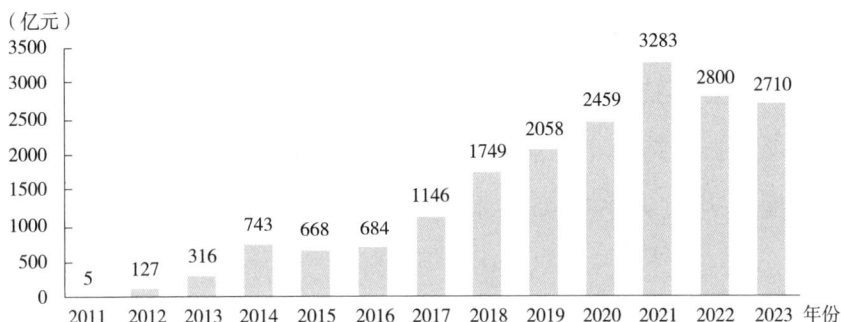

图 2-3　2011—2023 年小米科技营收情况

资料来源：《深度观察 | 14 年，从 0 到 2710 亿，小米高速成长背后的战略解码》，搜狐网，2024 年 4 月 1 日。

1. 智能手机全球领先

小米智能手机出货量稳居全球前三、中国品牌全球第一，拥有庞大的月活跃用户基础。2011 年，小米手机出货量仅 27 万台，2013 年首次突破千万台，2018 年首次超过 1 亿台。根据知名科技市场分析机构 Canalys 发布的 2023 年全年全球智能手机市场报告，2023 年，小米手机出货量达 1.464 亿台，稳居全国厂商第 1、全球厂商第 3，占全球手机出货量的 13%，相比较而言，同期苹果手机、三星手机出货量分别是 2.292 亿台、2.254 亿台。

2. AIoT 平台建设突出

2013 年底，小米科技结合智能硬件和物联网（IoT）的趋势，开始发力 IoT 平台建设，以手机为中心孵化 IoT 生态链。2018 年，小米科技制定 AI+IoT 万物智慧互联的 AIoT 战略。AIoT 是下一代超级互联网，是连接智能手机和所有智能设备的网络平台，其重点并不在于单纯的连接数字，在于最核心的应用场景中的互联互通的体验。围绕智能手机，小米科技的 AIoT 业务构建起更加完整的智能生活体验，为用户提供更大的体验价值，推动生态规模扩大，产生更多用户价值、商业价值。截至 2024 年一季度，小米科技建立了全球最大的消费级 AIoT 平台，连接的 IoT 设备数量达到 7.86 亿台。

3. 人工智能技术处于行业前沿

小米科技坚持人工智能长期投入、全面赋能，2016 年成立视觉 AI 团队，而后升级为小米 AI 实验室，2018 年，成立 AI 影像算法团队，2023 年，成立大模型团队。2024 年 4 月，小米科技在人工智能领域拥有 3000 多人的研发团队，自研的 AI 技术在多个方向达到业内一流或领先水平，成功入选"2023 人工智能年度领航企业"榜单。

4. 智能制造全球领先

小米科技牵头组建 3C 智能制造创新联合体，实现关键核心技术突破，推动制造业智能化、数字化变革，在北京小米昌平园区建立了新一代小米手机智能工厂。工厂采用了全球先进的自动化、数字化生产线和智能制造技术，依托"小米澎湃智能制造平台"工厂大脑，完成行业领先的"全链路工业大数据"底座建设，让整座工厂具备了自感知、自决策、自执行能力，同时还实现了硬件设备 96.8% 自研、制造软件 100% 自研。

5. 智能电动汽车取得新成就

2024 年，小米科技推出了首款电动汽车——小米 SU7。上市首月锁单量、交付量均创下行业新纪录，预计 2024 年实现交付 12 万辆。小米汽车在电驱、电池、大压铸、智能驾驶和智能座舱等五大技术领域进行了创新，自研的超级电机 Hyper Engine V8s 和 CTB 一体化电池技术、大压铸技术居于全球领先行列。

（二）加速壮大新质生产力的重要举措

新质生产力本质是先进生产力，要及时将科技创新成果应用到具体产业和产业链上。小米科技依托在消费电子、系统生态、芯片技术、人工智能等领域的技术积累和产业优势，以科技创新为主导，保持高效能、高质量、绿色可持续发展，加快壮大新质生产力。

1. 聚焦科技创新，提升核心竞争力

自成立以来，小米科技以科技创新为驱动力，致力于构建具有核心竞争力的创新体系，截至 2023 年 8 月，已在 12 个领域开展技术研发布局，包括 5G 移动通信技术、大数据、云计算及人工智能、机器人、智能电动汽车等，总体细分领域达 99 项。一是注重底层核心技术投入，不断进行科技创新和未来技术战略投资，小米科技在人工智能、操作系统、自研芯片、5G 通信、自动驾驶和人形机器人等领域进行了深入研究和长期投入，形成了具有核心竞争力的创新体系。二是积极布局人工智能应用，小米科技将人工智能技术视为核心生产力，通过自研的人工智能技术在计算机视觉、语音、声学、知识图谱、自然语言处理和机器学习等方面达到业内领先水平，为企业产品和服务赋能。三是注重供应链自主可控，小米科技在 SoC 芯片、5G Modem 和汽车芯片的研发上投入巨大，预计未来 10 年将投入 500 亿元，推动国产供应链的自主可控，自研澎湃 OS 操作系统，实现了跨端互联互通，为万物互联提供了数字化公有底座。四是高度重视产品和服务创新，小米科技不断推出创新产品和服务，Xiaomi MIX Fold 4 / Flip 折叠屏手机和小米 14Ultra 集成了最新的工业创新技术。

2. 聚焦延链补链强链，构建完整产业生态体系

小米生态链涵盖智能手机、消费级 AIoT 平台、智能电动汽车等多个领域，构建了全场景智能绿色生态链。一是开放的生态系统，小米生态链鼓励第三方开发者和合作伙伴加入，共同构建开放、共享的智能生活生态系统。二是个性化定制，小米生态链通过提供个性化定制服务，满足用户对于智能产品个性化和定制化的需求。三是软件与服务与硬件无缝衔接，小米通过澎湃 OS 操作系统、小米云服务等软件，为用户提供了丰富的内容和服务，增强智能设备的使用体验，增强了用户黏性，市场地位进一步增强。

3. 聚焦绿色低碳转型，夯实高质量发展底色

绿色发展是高质量发展的底色，新质生产力本身就是绿色生产力。小米科技将绿色可持续发展融入企业基因，积极践行"双碳"目标需求，提出在 2040 年实现碳中和。一是推动绿色制造，小米科技在产品设计阶段就考虑产品的生命周期，包括易拆解、易回收的设计，减少产品废弃后的环境影响；在生产过程中，采用环保材料和节能技术，减少生产过程中的能源消耗和废弃物排放。例如，小米汽车工厂严格控制废水废气，处理效率高达 99%，废重金属做到零排放[①]。二是注重利用绿色能源，一方面通过智能化、自动化技术提高生产效率，减少能源浪费，如智能工厂中的自动化生产线和设备；另一方面积极利用可再生能源，如小米汽车工厂生产车间顶部全部铺满光伏板，每年可提供绿色电力 1640 万千瓦时。三是构建绿色供应链，积极发展绿色物流，优化物流体系，采用节能环保的运输方式，减少物流过程中的碳排放并推动供应链伙伴采取环保措施，选择环保材料和生产方式，共

---

① 《对话小米 CEO 雷军：造车很苦，但成功一定很酷》，腾讯网，2024 年 3 月 29 日。

同实现减碳目标。四是注重投资绿色技术，小米科技投资研发和应用绿色技术，如电动汽车、智能电网等，推动产业升级，同时积极参与或引领行业标准的制定，推动整个行业向低碳、环保的方向发展。

4. 聚焦优化产业环境，积极推动区域产业协同发展

小米科技积极推动京津冀产业协同发展，通过投资与合作，促进了区域三地内供应链企业的共同成长，通过供应链、产业链、创新链、人才链四链高效融合，为企业成长提供了优质的产业环境。一是汽车业务融入京津冀协同，小米汽车工厂坐落于北京经济技术开发区，不仅促进了当地经济发展，也加强了京津冀地区的产业协同。小米汽车优先选择京津冀地区的供应链企业进行配套，通过定点供应商和采购合作，加强了地区内产业的联系和合作。二是孵化京津冀产业链。2017年，小米科技联合湖北省长江经济带产业基金共同设立了小米长江产业基金，重点投资芯片及 AI 相关业务。小米科技与河北、天津签署了战略合作协议，通过这些协议，小米科技在京津冀地区进行更深层次的产业布局和合作，带动形成了国产 3C 智能制造集群效应，提升地区产业的整体竞争力。三是积极在京津冀地区开展技术创新和研发活动，通过自研技术和产品推动地区产业的技术进步，增强区域内供应链的自主可控能力。

（三）政企合作助力新质生产力培育的实践经验

小米科技培育新质生产力，既有企业自身的持续努力，也离不开所在城市政府营造的干事创业环境。在这一过程中，北京市主要从 4 个方面为企业发展和新质生产力培育提供了政策支持。

1. 鼓励企业加大科技研发投入力度

鼓励小米科技组建智能制造创新联合体，支持小米科技牵头组建全国首个由民营企业牵头的 3C 智能制造创新联合体，促进产业链和创新链的融合对接。同时，通过提供优惠政策、税收减免、资金扶持等措施，降低企业创新成本，构建高效的科技成果转化体系，将科技创新成果转化为实际生产力，促进跨区域、跨行业的协同创新，加强知识产权保护，保障企业创新成果的合法权益。

2. 支持企业在京津冀地区优化投资布局

支持小米科技构建产业生态体系，推动其技术创新和产业升级，促进地区经济的发展和产业结构的优化，共同成立北京小米智造基金，规模达100亿元，用于培育和孵化京津冀产业链。

3. 积极推动先进制造业和现代服务业深度融合

把握产业融合发展特征，北京市以示范园区和试点企业为抓手，加快培育具有产业融合特征的产业链龙头企业，一园区一特色打造优质产业发展园区，为首都高质量发展提供有力支撑。牢牢把握现代化产业体系智能化、绿色化、融合化的基本特征，通过搭平台、聚资源、促合作，着力推动"两业"融合向新而行，推动产业转型升级，形成发展新质生产力的强劲动力。

4. 为企业提供人才引进和培养政策支持

发展新质生产力，需要畅通教育、科技、人才的良性循环。北京市重点发挥教育、科技、人才优势，为企业提供科技创新资源，吸引和留住科技人才，通过构建现代化产业体系，提供符合首都功能定位的产业支持政策。为人才提供良好的职业发展平台，巩固和完善高精尖产业格局，通过高端产业的发展吸引专业人才，完善户籍政策、住房补贴、税收优惠等，吸引和留住关键人才。

第三章

长三角地区

一、上海：提升科技创新策源能力，打造科技创新中心

上海在国家科技创新蓝图中具有重要地位，被寄予科技创新策源的厚望。2019 年 11 月，习近平总书记在上海考察时强调，要强化科技创新策源功能，努力实现科学新发现、技术新发明、产业新方向、发展新理念从无到有的跨越，成为科学规律的第一发现者、技术发明的第一创造者、创新产业的第一开拓者、创新理念的第一实践者[①]。近年来，上海积极响应科技强国战略，加快建设具有全球影响力的科技创新中心，强力推动科技创新与产业创新融合发展，打造一批世界领先科技园区和世界级产业集群，在培育壮大新质生产力方面走在全国前列。

（一）建设具有全球影响力的科技创新中心

1. 构建高水平全球创新网络

上海积极推进国际科技合作，提升合作交流层级，支撑具有全球影响力的科技创新中心建设。发挥"一带一路"科技合作"桥头堡"作用，截至 2022 年底，累计支持建设"一带一路"国际联合实验室 40 个，其中，国家级 6 个、市级 34 个。重点推进与新加坡、芬兰等国家开展创新合作，2022 年累计支持国际技术转移及跨境孵化平台 17 个，

---

① 《习近平：深入学习贯彻党的十九届四中全会精神　提高社会主义现代化国际大都市治理能力和水平》，《人民日报》2019 年 11 月 4 日。

中以（上海）创新园已集聚企业和机构 113 家，2023 年支持高校、企业开展国际双多边产业创新合作项目 60 项。外资研发中心加速融入，2022 年上海跨国公司地区总部、外资研发中心分别达 891 家和 531 家，其数量均为内地城市最多。持续打造世界级国际交流平台，2023 年举办了浦江创新论坛（第十六届）、世界顶尖科学家论坛（第 6 届）、世界人工智能大会（WAIC 2023）、中国（上海）国际技术进出口交易会（第 9 届）。上海科技创新中心的国际影响力持续增强，2023 年上海保持全球科技创新中心第一方阵，在全球 140 个城市中位居第 10 位[①]；2023 年上海—苏州集群在全球百强科技创新集群榜单中排在第 5 位，比 2018 年提升 7 位。

2. 引领建设长三角科技协同创新共同体

上海发挥龙头作用，引领长三角推进科技协同创新，增强科技创新硬实力。2020 年，上海配合科技部等出台了《长三角科技创新共同体建设发展规划》，牵头形成长三角国家技术创新中心建设方案，签订《推进上海西部五区科技和产业协同发展实现与长三角 G60 科创走廊联动发展的战略合作框架协议》。2021 年，在上海举办了"在沪外资研发中心长三角创新行"、第四届长三角科技成果交易博览会等活动。2022 年，15 个项目被纳入首批长三角联合攻关计划，促成九城市与中国科学院上海分院、上海科学院开展首批 19 个项目战略合作，由上海科学院牵头发起成立长三角科研院所联盟。2023 年，上海张江和安徽合肥综合性国家科学中心形成战略合作协议，上海技术交易所牵头建设长三角技术权益登记中心、长三角科技成果路演中心。

---

① 华东师范大学全球创新与发展研究院：《全球科技创新中心 100 强（2023）》，2023。

3. 瞄准国家需求打造体系化战略科技力量

围绕实现高水平科技自立自强，上海体系化加强战略科技力量建设。重点实验室体系逐步建强，2023 年拥有国家实验室 3 家，已揭牌成立和正在筹建的国家实验室上海基地 4 家，牵头完成重组全国重点实验室 26 家，上海市重点实验室达 184 家。高水平研究型大学加快建设，拥有"双一流"建设高校 15 所、建设学科 64 个，上海高校 171 个学科进入全球前百分之一、33 个学科进入全球前千分之一、3 个学科进入全球前万分之一。大院、大所、大平台等高能级科研机构集聚优势明显，中国科学院在沪研究机构达 15 家，培育建设一批高水平研发机构，推动一批重大原始创新成果不断涌现。科技领军企业和高增长企业快速成长，截至 2023 年底，上海企业在科创板上市 89 家、市值达 1.5 万亿元、位居全国第 1，66 家企业入选 2023 年胡润全球独角兽榜，专精特新"小巨人"企业（含培育）超 2800 家，高新技术企业数量突破 2.4 万家。

4. 强力推进高投入高产出的科技创新

上海长期高度重视对科技创新活动的投入，研发投入强度仅次于北京，稳居全国第 2。2010—2022 年，上海全社会 R&D 经费支出从 482 亿元增至 1982 亿元，占 GDP 的比重从 2.81% 上升至 4.44%（见图 3-1）。高投入带来高产出，从科研成果看，2023 年上海科学家在《细胞》（Cell）、《自然》（Nature）、《科学》（Science）等国际顶尖期刊发表论文 120 篇，占全国总数的 26.2%。2023 年上海市专利授权量 15.91 万件，其中，发明专利授权 4.43 万件，同比增长 20.5%；PCT 国际专利申请量 6185 件，同比增长 10.6%；年末有效专利达 91.51 万件；每万人口高价值发明专利拥有量达 50.2 件，位居全国第 2。2023 年经认定登记的各类技术交易合同 50824 件，比上年增长 32.8%；合同金额达 4850.21 亿元，增长 21.1%。

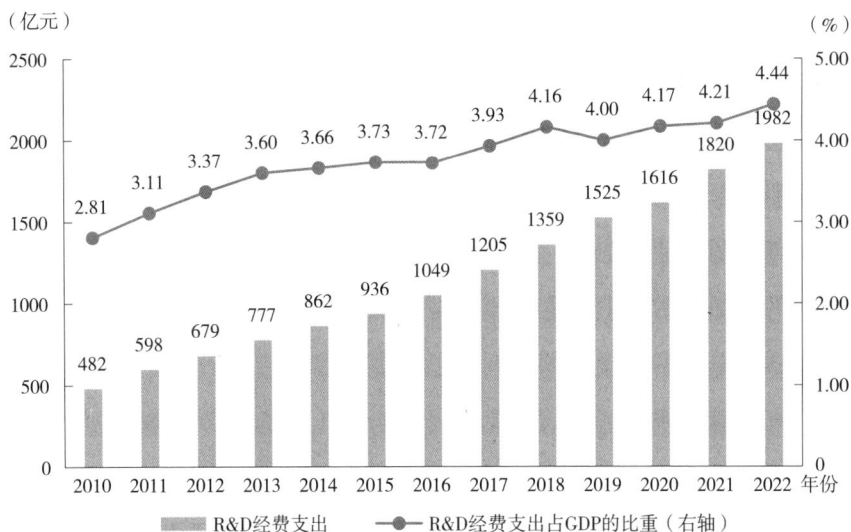

图 3-1 2010—2022 年上海市 R&D 经费支出及其投入强度

资料来源：根据万得数据库和 2010—2022 年全国科技经费投入统计公报绘制。

（二）科技创新与产业创新融合打造世界级产业集群

1. 建设世界领先科技园区

立足资源禀赋和特色优势，加快建设区域创新增长极，推动构建"中心辐射、两翼齐飞、新城发力、南北转型"的空间新格局。浦东新区将科技创新作为打造社会主义现代化建设引领区的第一要务，加快建设上海科技创新中心核心区，打造自主创新新高地。其中，张江科学城积极开展创新制度和政策先行先试，2023 年集聚了高新技术企业 1900 余家、科创板上市企业 40 余家、外资研发中心 180 余家，加快迈向国际一流科学城。徐汇、闵行、静安、普陀等区加快构建各具特色的重要承载区和创新增长极。嘉定、松江、青浦、奉贤、南汇等新城正成为科技创新中心建设的重要战略支点。宝山、金山依托科技创新加快打造现代化转型样本。此外，在上海张江高科技园区、长三角 G60 科创走廊、临港等地建立科创飞地近 20 家，将上海的科技优势辐射到整个长三角地区。

2. 大科学装置赋能"从 0 到 1"和"从 1 到 N"

大科学装置的外溢效应极强，不仅会催生一系列新设备、新技术、新知识，还可以转化为现实的新质生产力。上海已建、在建和规划的大科学装置达 20 个，涵盖光子、物质、生命、能源、海洋等多个领域，为产业科技创新提供"国之重器"和"孵化器"。例如，截至2024 年 5 月，上海光源对用户开放 15 周年以来，已支持全国近 800 家单位、4500 多个研究团队的超 4.7 万名用户，完成 2 万多个实验课题，促进世界级原创性成果的产生。在上海光源的强力支撑下，孕育出了首台国产精准治癌利器、首个在美上市的本土自主研发抗癌新药，科研成果产业化孵化周期和成本也大幅缩减，推动生物医药产业集群快速崛起。2019 年以来，上海一类国产创新药累计获批 24 个，位居全国前列，上海生物医药产业规模从 2019 年的 3833 亿元增至 2023 年的9337 亿元，年均增长率高达 25%。

3. 推动集成电路、生物医药、人工智能三大先导产业发展

上海聚焦国家战略需求，深入落实集成电路、生物医药、人工智能三大重点领域"上海方案"，加快突破前沿技术和关键核心技术，积极培育新质生产力。集成电路关键核心技术攻关取得重要进展，以产线牵引集成电路全链条突破，国内首台 2.5D/3D 先进封装光刻机交付，天数智芯首款 7 nm 通用 GPU 推理芯片"智铠 100"成功点亮，国内首片 300mm 射频 SOI 晶圆制备完成。生物医药创新策源能力显著增强，创新药械数量保持全国领先地位，国产抗肿瘤原创新药开发位居全国前列，加快打造世界级生物医药产业集群。人工智能创新生态进一步优化，以底层技术支撑人工智能迭代升级，形成从算法、芯片、产品到行业应用的强韧产业链，着力打造 AI"模都"。2023 年，上海集成

电路、生物医药、人工智能三大先导产业规模达到 1.6 万亿元。

4. 开辟发展新领域、新赛道

新能源汽车技术研发持续推进，300kW 燃料电池电堆测试设备实现国产化，液驱增压系统等加氢站核心设备完成国产化样机试制。能源装备制造技术不断革新，全球首套 300MW 级压缩空气储能系列化大容量电机下线，全球首台全高温超导托卡马克装置 HH-70 主机系统发运。空天深海研发制造加速落地，研制发射一批试验卫星，C919 大飞机产业链进一步升级，深海远洋装备产业高地加快建设。新材料关键技术取得突破，持续提升先进复合材料、高端功能材料与航空航天材料等关键材料技术成熟度。元宇宙、区块链等新兴数字产业持续壮大。2023 年，上海新能源汽车、新能源产业产值分别比 2022 年增长 32.1% 和 21.3%，半导体存储盘、3D 打印设备等新产品产量增速分别达到 100% 和 29.4%，信息传输、软件和信息技术服务业营业收入同比增长 16.2%。

（三）统筹推进科技创新立法和改革

1. 浦东"立法试验田"释放新质生产力

2021 年 6 月，第十三届全国人民代表大会常务委员会第二十九次会议通过《关于授权上海市人民代表大会及其常务委员会制定浦东新区法规的决定》。浦东新区坚持问题导向，围绕促进经济社会发展，深化制度创新，加强立法保障工作，截至 2024 年 4 月，已出台法规、管理措施、地方性法规浦东专章分别达到 18 部、23 部和 2 部。涉及优化营商环境、推动产业升级、促进自主创新、发展绿色生态、深化城市治理等内容，加速培育新质生产力。例如，出台"市场主体登记确认制"法规，有效促进了营商环境优化；"一业一证"改革为市场主体松绑，让企业跑的次数更少；"化妆品产业创新"法规已形成引领性成果，探索形成"修丽可案例"，获得国家药监局推广应用；"生物医药"

法规施行后，有效促进一批高能级企业入驻浦东和加大投资力度。

2. 推动科技与金融深度融合

上海积极推进科技创新中心与国际金融中心联动发展，推动科技金融产品和服务创新，加强创业资本的多渠道供给。近年来，制定出台《上海市建设科创金融改革试验区实施方案》《上海科创金融服务能力提升专项行动方案》，研究制定推动股权投资行业高质量发展政策，发布上海科创金融服务能力提升"20条"。启动"沪科专贷""沪科专贴"科创专项再贷款贴现工作，对科技小微企业提供精准支持。推动设立上海市科技创新引导基金，引导社会资本投早、投小、投硬科技、投长期。加快建设上海股权托管交易中心、长三角资本市场服务基地两大企业投融资服务平台。成立科创金融联盟，构筑完善、多元的科创金融生态圈。深入推进绿色技术银行建设，探索绿色科技转移转化模式，深化"技术＋金融"模式创新。科技保险风险缓释作用有力发挥，深入开展首台（套）重大技术装备保险，临港新片区科技保险创新引领区建设加快。2023年，"高企贷"为9729家高新技术企业提供信贷支持3534.78亿元，科创企业上市培育库入库企业增至2004家。

3. 深化科技体制机制改革

上海持续深化人才体制机制改革，2023年4月发布《关于本市进一步放权松绑激发科技创新活力的若干意见》，积极推进科技人才评价综合改革试点，设立优秀科技人才职称评审绿色通道，建立特色人才评价举荐机制，完善外国人来沪工作政策。深入推进科研管理改革创新，深化科研经费"放管服"改革，持续推进科技攻关任务"揭榜挂帅"、"里程碑"、经费"包干制"、"基础研究特区"、"探索者计划"等改革。持续优化知识产权保护工作机制，加快打造国际知识产权保护高地和国际知识产权中心城市。深化科技成果转化机制创新改革，发布了《上海市科技成果转化创新改革试点实施方案》，深入推进 6 家单位国家赋权改革试点。2018—2022 年，上海科技创新成果向外省加快转化，流向外省合同数从 8927 项增至 18734 项，占输出合同数量的比重从 42.9% 上升至 50.1%；流向外省的合同金额从 534.3 亿元增至 2291.06 亿元，占输出合同金额的比重从 55.4% 上升至 69.2%（见图 3-2）。2023 年上海技术交易所进场交易金额超 300 亿元。

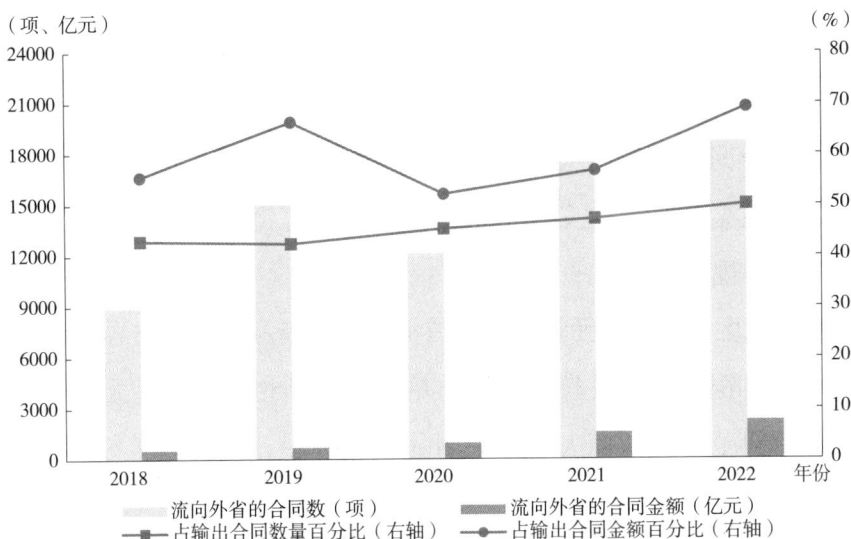

图 3-2 2018—2022 年上海技术合同额输出情况

资料来源：根据《2022 上海科技成果转化白皮书》数据绘制。

二、浙江杭州：畅通教育人才科技良性循环

党的二十大报告指出，教育、科技、人才是全面建设社会主义现代化国家的基础性、战略性支撑。长江三角洲区域一体化发展上升为国家战略以来，浙江省一体联动建设教育强省、科技强省、人才强省，

加快打造各类人才向往的科创高地。杭州市将教育、科技、人才贯通作为战略支点，优化资源协同配置，不断开辟新领域新赛道，塑造新动能新优势，支撑引领新质生产力发展。

（一）锚定"三位一体"集聚要素资源空间

1.杭州市：争创科技成果转移转化首选地和综合性国家科学中心

2022年11月，杭州提出打造科技成果转移转化首选地，以打造颠覆性技术转移先行地、成果概念验证之都、创新创业梦想实践地、全球科技服务中心核心区为定位，通过实施科技成果转移转化"145"行动，形成万亿级科技大市场[①]。依托国家实验室和杭州超重力场、杭州极弱磁场等大科学装置，强力推进创新深化和"315"科技创新体系工程建设，会同城西科创大走廊，构建"基础研究＋技术攻关＋成果产业化＋科技金融＋人才支撑"全过程创新生态链，加快推进综合性国家科学中心规划布局。

2.萧山区：发挥多元科创中心首批省级创新深化试点先导融合作用

萧山区积极围绕科教融合人才培养构建新格局，打造形成了产业转型升级新范式，浙江大学杭州国际科创中心、西安电子科技大学杭州研究院、湘湖实验室三驾"科创马车"集聚于此，引进了浙江省北大信息技术高等研究院，2023年8月成为首批省级创新深化试点。其中，科创中心仪器共享平台可以为100多家科技企业提供服务；浙江省北大信息技术高等研究院牵头成立了视觉智能创新中心，组织了100多家企业，视觉智能产业科研成果的应用及推广水平得到了极大提升[②]。

---

① 《杭州构建科技成果转移转化首选地》，《浙江日报》2023年2月9日。
② 陈心妍：《三位一体 四链融合 多方联动——杭州市萧山区探索构建科教融合人才培养新格局》，《今日科技》2024年第1期。

3. 西湖区：围绕环大学创新生态圈"创新一公里"集聚核心要素资源

西湖区积极推动科技创新，以高校及科技园区为中心，推动"国家实验室""环浙大玉泉人工智能产业带""之江文化产业带""环西湖大学生态圈""环浙工大创新创业集聚区"等成为区域经济高质量发展重要引擎[①]。2023年，西湖区科技进步创新指数高达266.8，连续4年位列全省前三位；全社会R&D经费投入强度高达4.36%，比杭州市高出0.5个百分点。西湖区还充分发挥云栖小镇的集聚效应，落地了西湖大学科技园、浙江大学城市学院先进技术研究院、国科大杭州高等研究院HIAS科创园等一批产学研用载体。

（二）推动四链融合形成"星链"效应

1. 做实教育链，培育人才链

人才是第一资源，人才链是最活跃的因素，完善的教育链是形成人才链的基础。西安电子科技大学杭州研究院大力实施工程硕士卓越工程师培养改革专项，积极推动校企合作，研究院与企业开展了定制化联合培养，在2023年联合招收了工程硕士培养改革专项学生100名，探索了"订单式"实习实训的模式，校企联合推出案例和实践课程等"金课"85门，将一线工程案例与教学相结合，推动以科带教、以产促教，为培养兼具理论视野和产业技术实践经验的产业创新人才提供了实践案例。

2. 聚焦人才链，驱动创新链

创新链包括创新内容产业化、经济化过程中所涉及的环节和主体。人才链则包括培养、挖掘、引进、用人、成长等环节。当创新链与人才链紧密联结，可释放强大的正向作用，呈现双向并行的发展格

---

① 陈心妍：《西湖："环大学创新圈"点线面串联 推动"科教人"深度贯通》，《今日科技》2024年第3期。

局。西湖区以校友为纽带构建科创圈，形成了"首席科学家—创新型领军人才（团队）—科技从业者"的人才雁阵，为人才创业土壤提供政策"组合拳"，不断释放出招才引才聚才的裂变效应。萧山区则主要聚焦创新技术与市场需求、资本要素及应用场景的对接，通过打通"验证—孵化—产业化"全链条，发挥平台作用，实施科技人才成果转化。

3. 瞄准创新链，延伸产业链

创新是第一动力，创新链是产业链发展的动力之源，是产业链各环节实现价值增值的基础，产业链依托创新链形成发展、升级提高①。西湖区因地制宜推出了"创新一公里"，打通了创新策源输出的"最初一公里"、成果转化应用的"最后一公里"和建设环大学创新圈的"最近一公里"，形成涵盖"基础研究—技术攻关—工程化试验—应用转化—产业化"全过程的"创新一公里"，延伸工业设计、孪生机器人、增材制造、生命科学仪器、生物医学检验、金融科技、数字经济等产业链。

（三）厚植科创生态建设高能级平台

1. 实施"名校名院名所"工程

早在 2017 年 12 月，杭州就启动了"名校名院名所"建设工程，印发了《关于"名校名院名所"建设的若干意见》，截至 2023 年底，已引进建设 1 个非独立法人中外合作办学重大项目，6 所国内一流大学分校、校区或研究生院，23 个非独立法人中外合作办学机构（项目），26 个高水平科研院所，举办了以"高起点、小而精、研究型"为特色的西湖大学，签约建设了国科大杭州高等研究院、浙江省北大信息技

---

① 中国社会科学院工业经济研究所课题组：《推动产业链与创新链深度融合》，《智慧中国》2021 年第 12 期。

术高等研究院、新西兰奥克兰大学中国创新研究院、湘湖实验室、浙江大学杭州国际科创中心等新型研发机构，打通了教育、人才和科技之间的障碍。

2. 创新"学院＋平台"双基地模式

学院和平台是厚植科创生态的有力抓手，萧山区以"学院＋平台"为中心，系统布局了"2个国家重点实验室＋1个省级平台＋2个学院＋5个研究院＋N个创新工坊"的创新载体，形成了"双基地"模式。萧山区聚集了700余人的高水平科研团队，累计牵头承担或参与国家重点研发计划、国家自然科学基金项目、省"尖兵""领雁"研发攻关计划等100余项，自主研发了"浙大芯""亚运芯"，实现了12英寸55纳米CMOS成套工艺线通线并成功流片，创造了全国唯一。

3. 培育"大兵团"融合战斗力

萧山区积极探索"兵团化会战＋专班化运作"工作机制，2022年1月，萧山经济技术开发区、杭州临空经济示范区、钱江世纪城、湘湖·萧滨合作区四大平台在不改变体制的前提下，划为科技城、绿色制造产业新城（益农）、三江创智新城、市北、桥南、临空、世纪城和湘湖，后调整为六大"兵团"，从绿色制造产业新城到三江创智新城，擘画出一条东西向"微笑曲线"，采用精细、精准、落细、落实的"蒸小笼"模式，实现了资源要素向想干事、能干事、干成事的区域和企业集聚。

（四）把握关键变量，创新转化模式

1. 实施"西湖英才计划"

围绕生物医药、数字经济、智能制造、空天信息等西湖区核心产业，持续实施"西湖英才计划"，搭建"人才创业"梯度培育的服务空间，为海内外高层次人才创新创业团队创造平台，为企业茁壮成长提

供良好的"生态牧场"。

2. 打造为企服务"会客厅"

浙江财经大学金融科创园内打造集对外展示、招商洽谈、项目路演、汇聚人才、为企服务于一体的"古荡会客厅"，为企业提供全生命周期的贴近式服务。据统计，2023年以来，"古荡会客厅"举办的"数金汇"企业沙龙达40余场，有效推动了商圈、楼宇和企业之间的资源互通。

3. 推出"科技工兵"服务模式

西湖区以"兵团式"组团服务，联合各类机构，设置政府、金融、孵化、市场等"兵种"。"科技工兵"首批共计100人，由区内的科技人才和高校的科技骨干组成，其中区内的科技人才来自镇街平台等单位，而高校的科技骨干则来自不同学科的优秀教师，致力于项目发现、挖掘、策划、转化和服务，实现高技术成果、高质量项目落地转化。

4. 全面构建成果转化体系

西湖区全面构建了全域创新策源体系、全域市场化评价体系、全域新型孵化空间体系、全域双链融合体系、全域金融支撑体系、全域创新生态体系六大成果转化体系，推动重大科技成果转化应用。萧山区对一些新型研发机构的科创资源实施统筹，打造了集成"政产学研金用服"多环节的创新体系。

（五）深化改革试点，打造引育循环活力圈

1. 推动科技教育领域人才评价改革

杭州以"构建科技教育领域人才评价新模式"创新深化试点工作为契机，持续推进高层次人才引育、人才评价改革、科技体制改革，创新性探索"分类评级＋人才授权""两项授权"工作，下放评聘自主权。

2.突破外国人才来华工作认定屏障

杭州在符合目录条件的情况下打破现行外国人来华工作分类标准屏障，增设如中国 500 强企业、独角兽企业、国家级专精特新"小巨人"企业等特殊领域引才目录；在外籍人才的认定流程上，杭州新增"经有关部门推荐人才"条目，让办理过程"一路绿灯"。

三、安徽合肥：以创新为引擎推动产业迭代

从综合性国家科学中心到全球科创名城，合肥抢抓新一轮科技革命和产业变革的历史机遇，勇攀科技高峰，勇立产业潮头，新质生产力加快形成，推动城市产业能级不断跃升。2001—2023 年，合肥 GDP 暴涨近 30 倍，位次超越 70 城，增速居全国主要城市第一位，常住人口也从 447 万人跃升至近千万人，完成了从默默无闻到一鸣惊人的转身。观察"网红城市"的种种变化，总结合肥发展的内在机理，特别是发展新质生产力的成功实践，从中获得启示。

（一）科技创新塑造最强动能

1."大投入"催动硬科技"加速度"，铸国之重器，攀科学高峰

20 世纪 70 年代，中国科学技术大学、中国科学院合肥物质科学研究院等一批高校和科研院所在合肥落地生根，奠定了合肥科技创新的底气。党的十八大以来，合肥把科技创新作为优先保障的重点，财政科技投入占一般公共预算支出比重由 4% 增长到 17.8%，2023 年科技财政支出占比全国第一，全社会研发投入强度已接近 4%。合肥已成为我国大科学装置最为集中的城市之一，已建、在建和预研大科学装置达 10 余个，在全球范围内并不多见。聚变发电、量子信息、强磁探秘、天地一体化信息网络等诸多重大而艰深的科研领域中，位于合肥

的"国之重器"正担纲承梁，勇攀科技高峰。"墨子号"卫星升空、"九章"计算机问世、"祖冲之二号"研制成功等，一批具有国际领先水平的前沿科技成果相继问世，超导质子医疗设备、量子钻石原子力显微镜等一批重大产业成果研发成功，集成电路领域实现国内首款自主研发 DRAM 芯片量产。通过前沿领域创新突破，实现在一些"卡脖子"领域的重大突破，以及在颠覆性研发上取得突破，为合肥高质量发展提供更为强劲的驱动力。

2. 塑造科技创新的文化土壤，一巷一区一馆诉说合肥的创新故事

一条小巷诞生过一位享誉世界的物理学家。不足 200 米的巷子，一个沿用 200 年的地名，诺贝尔物理学奖获得者杨振宁的人生最初 6 年就是在安徽合肥四古巷里度过的。2018 年，合肥市对这条千年老巷进行了综合提升改造，再现了杨振宁童年记忆，激发人们对科学家的敬仰和对科学探索的热情。一个小区隐居了 500 多名"两弹一星"英雄。20 世纪 80 年代，国家撤销了一部分军工企业，青海原子城国营221 厂关闭，800 余名建设者们被安置在合肥，其中被安置在潕河路的就有 500 余名。2021 年"两弹一星"精神纪念馆合肥馆在潕河路团安新村小区内正式开馆，激励着科研事业不断发展。一座场馆逐步成长为全国科创地标。安徽创新馆是全国首座创新主题场馆，2020 年习近平总书记在这里考察时强调，安徽要加快融入长三角一体化发展，实现跨越式发展，关键靠创新①。春节假期，安徽创新馆不打烊，举办"创新潮品汇"科技应用场景推广交易活动，助力更多创新成果走向市场。

---

① 《习近平在安徽考察时强调：坚持改革开放坚持高质量发展 在加快建设美好安徽上取得新的更大进展》，《人民日报》2020 年 8 月 22 日。

（二）产业迭代升级实现"换道超车"

1. 4 次迭代，接续形成 20 年排浪式发展

合肥产业大发展源于 2005 年的工业立市，经历了 4 次迭代，从最初的白色家电，到 2008 年国际金融危机后的新型显示，到"十三五"时期的集成电路、智能语音等，近几年新能源汽车、光伏产业爆发式增长，每一代主导产业都维持了六七年的巨大拉动力，接续 20 年的排浪式发展，提升了合肥产业规模和质量。特别是随着近几年长三角一体化战略深入实施，沪苏浙转移来的资金、技术多了，合肥也抓住机遇推动了产业升级。合肥的集成电路、新型显示、人工智能三大产业入选国家级战略性新兴产业集群，智能语音产业入选国家先进制造业集群，全国 20% 的液晶显示屏、8.5% 的新能源汽车、5% 的光伏组件来自"合肥制造"。

2. 以投带引，不是"风投"是"产投"，不是"赌博"是"拼搏"

"以投带引"的招商引资模式是合肥探索出的一条独特的发展之路，合肥按照符合产业发展方向、符合国家政策导向确定战略性新兴产业的发展目标，发挥国有资本引领带动作用，通过投资手段引育产业，撬动社会投资，推动项目落地。十多年来，合肥每年都拿出 100 多亿元助力产业发展，国资在战略性新兴产业领域累计投入资本金超过 1600 亿元，撬动项目总投资超过 5000 亿元。京东方是合肥最早通过投资引入培育的显示屏企业，如今已带动 100 多家配套企业落地，合肥已经成为世界上最大的显示屏基地之一。合肥通过投资引育晶合集成、蔚来汽车等一批龙头企业，撬动半导体和新能源汽车等产业上下游，实现产业链整体提升。总投资超 1500 亿元的长鑫存储内存芯片实现量产，180 多家集成电路企业集聚合肥，初步形成了从材料设计到晶圆制造、封装、测试的全产业链；蔚来汽车中国总部落

户合肥，大众汽车集团（中国）投资 21 亿欧元入股江淮汽车和国轩高科。

3. 抢占产业新赛道争分夺秒，只争朝夕

合肥产业生产和项目建设如火如荼，全市近百家规上工业企业春节不停工不停产。特别是 2024 年新型显示及消费电子市场回暖，企业生产积极性增强，京东方、维信诺、康宁、彩虹液晶、乐凯科技等约 26.2% 的新型显示企业，在春节期间连续生产不放假。先进光伏及新型储能企业晶科能源、彩虹光伏、国轩高科、中创新航等企业也在假期持续生产，合肥新桥智能电动汽车产业园区热火朝天。蔚来合肥第二生产基地已于 2024 年 9 月正式投产，按规划将集聚年产值超 5000 亿元、从零部件到整车的全产业链集群。

（三）持续增强城市活力

1. 城市框架全面拉开，20 年见证千万人口大城之变

合肥 1952 年才被确定为安徽省省会，是历史比较短、比较年轻的省会城市。新中国成立时，合肥只有 5 平方公里、5 万人口。到 20 世纪 90 年代，合肥城市格局呈现以老城为核心、三翼发展的风扇状结构，生态绿楔自然嵌入城中，成为中国城市规划教科书式的经典。世纪之交，合肥人口不断增长，老城区发展空间不足的矛盾日益突出，单中心城市结构难以支撑合肥的持续发展。2002 年 3 月，合肥启动了距离老城区中心西南约 10 公里处的政务新区建设，推动了合肥市委、市政府和部分市直部门的搬迁。2006 年 10 月，又启动了距离老城区中心正南约 20 公里处的滨湖新区建设，并逐步推动了安徽省委、省政府和部分省直部门的搬迁。通过多年努力，城市结构从单中心向多中心、组团式、网格化转变，合肥现代化都市的空间框架全面拉开。合肥政务新区已经成为全市生活品质最好、房价最高的区域，截至 2023

年底，滨湖新区集聚人口已达 50 万人，近 3 年全市常住人口增幅达 13.3%，大城市框架呼之欲出。

2. 城市功能日益完善，昔日的监狱、机场变身国内首创、全球最大"网红公园"

融入更多文化元素。合柴·1972 是国内首个由监狱改造而成的文创园，占地 400 多亩，集合了家电博物馆、当代美术馆、青年剧场等主题板块，艺术气息浓厚，2019 年开业以来已成为年轻人的热门打卡点、全市最大的艺术文创园区，春节期间，动漫、摄影、角色扮演（cosplay）等各类展出人气爆棚。植入更多绿色空间。作为合肥 30 多年城市记忆的骆岗机场，2013 年永久关闭后，关于这片土地后续如何开发利用的讨论就从未停止过，最终政府下决心把城市最好地块让给生态、让给市民，改造后的机场摇身一变成为城市发展的后花园、百姓身边的大公园，面积约等于 4 个纽约中央公园，有网友感叹"怒走2 万步才只逛了一半"，2024 年春节期间，骆岗公园游客络绎不绝，接待游客 54 万人次。

3. 城市烟火气不断升腾，街头满载人情味，巷尾漫话江淮情

一是人气旺。主要街区能明显感受到人气的火爆，淮河路步行街、罍街、撮街等主要街区均已成为夜间消费的热点区域。二是美食多。美食是一座城市的名片，合肥地处我国南北过渡地带，米面搭配，各类小吃种类丰富、店面多、价格实惠，刘鸿盛、庐州烤鸭店等百年老字号深受欢迎。三是城市形象年轻。主要街道、临街商铺、社区中心的卡通 logo、卡通人物非常多，既有商家的宣传，也有政府官方的宣传，让人感到轻松与活力。

四、浙江丽水：厚植生态优势，做生态产品价值实现的领跑者

丽水地处浙江省西南部，是国家重点生态功能区，也是全国重点革命老区"浙西南革命老区"所在地、全国20个革命老区重点城市之一。近年来，丽水认真贯彻落实习近平生态文明思想，聚焦全国首个生态产品价值实现机制试点这个关键改革，系统推进生态文明建设各项改革任务，加快培育发展新质生产力，交出了高分"生态报表"和亮眼"发展报表"。

（一）护绿固本，持续提升高品质生态产品价值

1. 建立长效的生态文明工作推进机制

丽水成立生态文明先行示范区、生态产品价值实现机制改革等工作领导小组，强化对生态文明建设的统筹协调。建立生态产品价值（GEP）核算机制，出台全国首个山区市GEP核算地方标准，开展市、县、乡、村4个行政层级核算，稳步推进各级行政区域GEP核算成果"六进"，即"进规划、进决策、进项目、进交易、进监测、进考核"。出台GEP综合考评办法，建立GDP和GEP双考核机制；系统组织编制丽水市自然资源资产负债表，在干部离任审计方面增加实施领导干部自然资源资产离任审计，在干部追责方面探索实施生态环境保护责任终身追究制度，强化领导干部生态环境和资源保护职责。建立健全行刑衔接机制、环境污染问题发现机制，实现公检法机关驻环保联络机构全覆盖。

2. 构建严格的生态管控体系

丽水采取严格管控手段，限制工业进入的生态保护区达到全市区

域的 95.8%，其中生态红线区占比达 31.9%。编制生态产业鼓励培育类、限制发展类和禁止发展类项目清单，实施区域和项目的双重管控。开展全域生态环境监测感知网络建设，构建空、天、地"三位一体"生态产品空间信息数据资源库，建立覆盖全域、精准监测、智能可视、实时在线的"花园云"智慧监管平台，依托"卫星遥感+物联感知+基层治理"等相互关联、互相耦合的"四平台"，构建覆盖市、县、乡三级行政单元及"天眼+地眼+人眼"一体的智慧化生态环境数字监测监管体系，推动生态治理数字化协同监管，严密扎起涉水、涉气、污染源排放等生态环境问题"篱笆"。率先在全国建成浙西南生态环境健康体检中心，以重点流域、区域、行业等为着力点，开展生态环境监测和评估，为生态文明建设和环境管理提供技术支撑。

3. 实施生态环境保护系列工程

高标准打好污染防治攻坚战，全市域、全形态、全链条实施蓝天、碧水、净土、清废四大行动，全力守护丽水最美核心区生态底色。百山祖国家公园成功进入国家公园申报设立候选序列。实施瓯江源头区域山水林田湖草沙一体化保护和修复工程，"基于自然的解决方案"对占市域面积 76.9% 的区域开展全要素、全流域、一体化保护修复。经调查，2022 年瓯江干流国控断面Ⅰ、Ⅱ类水比例从治理前的 80.9% 提高到 100%。20 年来，丽水生态环境状况指数连续位居全省第一，是全国唯一水和空气质量排名均跻身前十的地级市。

（二）点绿成金，点亮生态颜值的经济价值

1. 建设现代化生态经济体系

丽水大力发展集高品质农业、文化事业、旅游业、林业和水利经济为一体的五项生态惠民、促进城市强劲发展的特色主导产业，使其规模壮大、实力增强。以品质农业为抓手，采用古今结合、中西贯通

的标准化生产方式，依托高素质农民培育形成"四品一标一高"模式，构建了独具丽水特色的现代农业生产体系。丽水将文化产业作为经济增长的主导动力，积极探索传统产业和文化艺术产业的演进路径，专注于集结资源发展数字电影、高档陶瓷、精美雕刻、创意木质玩具、体育娱乐用品等，促进了文化产业引资和产业园区的发展，成功吸引了大量文化产业的领军企业、行业精英和团队。丽水着力于旅游板块的细致优化和"微改造"，极力打造沉浸式旅游精品 IP，力求打造具有强烈吸引力的旅游精品品牌。锚定"新时代山水花园城市"，探索革命老区共同富裕的新路子，让秀山丽水加速成为游客心中魂牵梦绕的"诗和远方"。以林业产业为链条，积极拓展森林生态产品价值实现模式，以做优做特森林康养产业三大体系为重点，加快打造特色林业产业集群。加大智力支撑力度，成立生态经济数字化丽水研究院，成功创建全国第一所两山学院，即中国（丽水）两山学院，促进科技成果加速转化。以做足"水文章"、发展水经济为突破口，丽水系统打造市工作组及科研、招商和运营团队的"1+3"组织，建设缙云抽水蓄能电站、瓯江治理二期工程等一批"原水开发"项目，大力发展农林牧渔产业，做足"水资源 +"文章。①

2. 加快发展培育新质生产力

丽水集中力量发展精密制造、半导体、健康医药、时尚产业、数字经济等核心主导产业，2019—2021 年增值产出翻了一番。丽水经开区紧紧抓住国家支持集成电路产业发展的窗口机遇期，"无中生有"培育形成了浙江省第二个特色半导体产业集群。经过近 5 年的努力，成功引进半导体产业链相关企业 35 家，总投资额近 640 亿元，初步形成

---

① 《富民"锦囊"，丽水有何妙计？》，《丽水日报》2024 年 1 月 20 日。

"一园一链两基地"发展格局。半导体全链条产业纳入全省集成电路产业规划，特色半导体产业平台获批省第四批"万亩千亿"新产业培育平台。[①] 丽水立足优质生态产品富集的优越基础，充分利用好山好水好空气等生态红利，因地制宜引进和培育了德国肖特玻璃、国镜药业、凯恩纸业等一批环境敏感型企业，成为调节服务类生态产品成功实现价值的典型案例和突出代表，被收录到中央部委和浙江省等编著的各类生态产品经典案例集中。

3. 创新推动生态产品经营开发

依托国企构建市县两级 1+9"两山合作社"，在 173 个乡镇组建"生态强村公司"，建立生态产品交易数字化平台，并以此为基础推动生态资源收储、开发、交易等运营活动。一体化推进制度建设和机制构建，研究制定出台丽水（森林）生态产品市场交易制度，建立生态产品一级、二级交易市场，初步构建起一套逻辑严密、设计合理、操作简便、平稳运行的生态产品市场交易体系，成功引导生态产品利用型企业对项目生态溢价付费。建设全市统一的生态产品交易中心，搭建浙丽收储、浙丽交易、浙丽招商、浙丽服务"四统一"的交易平台，累计开展交易 5779 笔，交易额 11.8 亿元。丽水大胆创新，探索设立了全国第一家森林碳汇管理局，为森林碳汇科学管理和有序开发找到了"第一责任人"。同时，丽水还探索建立了地方性林业碳汇方法学和碳汇交易平台，完成交易 18 宗。

（三）革绿出新，推动实现生态产品价值高溢价

1. 首创"生态信用"体系，创新绿色金融

丽水在全国率先制定《基于生态产品价值实现的金融创新指南》，

---

① 《好风借力逐梦"万亩千亿"》，《丽水日报》2023 年 12 月 13 日。

首创个人生态信用"绿谷分"，将其作为金融赋值的重要标准，推出"生态信用贷"金融服务，累计放贷 2.79 万笔、金额 30.44 亿元。除此之外，丽水还积极探索依托 GEP 未来收益权、取水权等权益的 15 类支持生态产品价值实现的绿色金融产品，实现生态产品可质押、可融资。2022 年，丽水成功获批国家普惠金融服务乡村振兴改革试验区，为探索更多支持生态产品价值实现的绿色金融产品提供了坚实的制度保障和广阔的实践空间。

2. 开展"拯救老屋"行动，推进古村复兴

丽水秉承最少、最自然、最不经意的人工干预理念，推进古村落科学保护和利用。建立地方政府、村集体、村民、社会资本四方共同参与、利益共享、风险共担的利益联结机制，有机导入民宿经济、文创产业，促进古村、老屋重获新生。丽水已对全市 268 个中国传统村落、198 个省级传统村落开展系统保护利用，这项特色改革被写入全国乡村振兴战略规划和 2022 年中央一号文件。

3. 打造区域公用品牌，拓宽实现路径

丽水率先探索以政府打造"山"字系区域公用品牌牵引生态产业发展的创新路径。"丽水山耕"跃居中国区域农业品牌影响力排行榜首位，销售额连续 3 年超百亿元；"丽水山居"入选全国旅游产品创新八大典型案例，2023 年接待游客 2932.5 万人次，同比增长 27.8%；"丽水山景"入选省文化和旅游共同富裕最佳实践案例，推出特色精品线路 12 条；"丽水山泉"建成年产 15 万吨矿泉水生产线，研发推出桶装泡茶水、美容喷雾水等系列产品。

五、长三角 G60 科创走廊：融合打造科技创新共同体

长三角 G60 科创走廊[①]是长三角区域一体化发展的重要平台和标志性项目之一。长三角 G60 科创走廊成立以来，各地加强创新要素集聚和创新平台共建，着力在科技资源开放共享、对接金融服务等方面加强区域统筹，科技创新共同体建设取得较好效果。长三角 G60 科创走廊高新技术企业占全国的近 15%，科创板上市企业占全国的 20% 多。长三角 G60 科创走廊已经成为长三角乃至全国推进跨区域科技协同创新、加快培育发展新质生产力的代表性区域，初步具备了比肩美国 101 公路和 128 公路、英国 M4 等全球著名科创走廊的实力。

（一）跨区协同创新抢占未来产业新赛道

1. 联合攻关共性技术、关键技术努力实现科技自立自强

长三角 G60 科创走廊瞄准高水平科技自立自强，积极推动"从 0 到 1"的原创性突破。面向国家战略需求，瞄准集成电路、人工智能等重点领域，集聚了一批大科学装置，联合攻关共性关键技术，基础研究能力得到显著增强。同时长三角 G60 科创走廊还发挥长三角产业配套优势、市场优势，在重点城市、重点园区设立了技术创新中心、科技成果转化中心等。截至 2023 年，九城市 R&D 经费投入占 GDP 的比重（3.77%）远高于全国，PCT 国际专利申请数量占全球的 2.59%。作为长三角 G60 科创走廊重要组成部分的合肥，依托大科学装置和国家实验室建设，加快布局未来产业，"夸父"的大科学装置——聚变堆主机关键系统综合研究设施已初具规模，推动与张江共建第四代"合肥

---

① 包括上海、嘉兴、杭州、金华、苏州、湖州、宣城、芜湖、合肥等 9 个城市。

先进光源"，合肥正在积极打造世界级聚变能源产业集群。

2. 科技创新和产业创新跨区域协同推动新兴产业发展

长三角 G60 科创走廊重点围绕高端制造、人工智能、生物医药等重点产业，形成了具有高辨识度和强影响力的先进制造业产业集群。九城市共同推动产业创新，推动研发、中试、量产高效衔接，实现产业链和创新链的有效对接，形成科技创新和产业创新的协同，建立起科技成果转化概念验证中心矩阵体系，促进科技创新和产业创新紧密结合，创新成果的显示度、影响力不断提升。根据商务部统计，长三角 G60 科创走廊九城市共有 11 个国家级经济技术开发区跻身全国综合排名前 30 强，占比超 1/3，其中苏州工业园区列第一位，昆山、合肥、杭州经济技术开发区分别列第 4、第 6、第 9 位。以长三角 G60 为引领，长三角地区集成电路产业占全国的 60%、新能源汽车产量约占全国的 40%。在 2023 年投入商业运营的国产大飞机 C919 的供应链中，长三角 G60 科创走廊就有近千家企业。

3. 共同抢占未来产业新赛道

长三角 G60 科创走廊九城市积极发展未来产业，培育新质生产力，在合成生物、细胞和基因技术、量子科技、仿生机器人、新型储能等方面，沿线各地区都有一定的产业基础，在全国具有较强的引领能力。在人工智能领域，腾讯在松江区落地了长三角人工智能先进计算中心，为大模型产业提供强大算力支撑。依托长三角 G60 科创走廊的优势，腾讯联合伙伴引入了近 100 家 AI 相关生态企业，涉及底层基础、中间技术 / 算法及下游应用场景等不同环节。在量子通信领域，长三角 G60 科创走廊积极打造"产业 + 量子"应用场景，建设跨省市的量子城域网并实现互通，加速量子通信创新应用的规模化、产业化，积极拓展在电子政务、金融等领域的量子通信应用。合肥在量子产业领域提前布局，持续发力，已成为量子通信领域的领跑者，在量子计算、量子信息、量子测量等领域诞生了若干中国之首，如中国第一台可交付使用的量子计算机、第一个操作系统等，培育了一批领军企业。

（二）多渠道促进创新资源共享

1. 发展产业联盟体系

按照全产业链发展和区域产业协同创新的理念，搭建了"1+7+N"产业联盟体系，自 2018 年以来，已经发展了 14 个产业联盟和 11 个产业合作示范园区，围绕人工智能等战略性新兴产业，推动构建更加紧密的产业合作、要素对接关系，形成一批合作成果。联盟的管理机制通常由龙头企业、机构牵头，由企业、高校、科研机构等共同参与，涵盖了产业的各个环节，覆盖了上中下游，具有比较强的内在合作意愿和需求，也保障了比较好的合作效果。联盟重点推动两方面工作，一是通过举办产业对接、技术交流、产品发布等活动，促进知识和技术外溢，加速提升产业链组织效率，促进产业链创新链更好对接。二是促进科研设施设备共享，联合开展共性技术和关键技术攻关，增强科技创新跨区域合作。

2. 逆向建设"科创飞地"

鼓励长三角 G60 科创走廊沿线各地在上海建立实验室、专业科技孵化器、人才招引中心等"科创飞地"，实施主体可以是行业龙头企业，也可以是地方国企、平台企业、园区管委会等，目的是更好吸引和使用上海科技人才、管理人才、技术成果、市场信息等资源，满足本地区产业发展需求，解决当地研发能力不足、引才引智难等问题。经过一系列政策措施的实施，长三角 G60 科创走廊已经初步形成紧密的"上海研发、苏浙皖生产"的纵向分工格局，以及"上海孵化、苏浙皖转化"的区域协同创新格局。

3. 科技创新券通兑通用

长三角 G60 科创走廊九城市结合实际需求，探索实行科技创新券制度，逐步扩大使用范围，各地都出台了科技创新券通用通兑管理办法，实现跨区域相互兑付使用，如嘉兴、湖州科技创新券可在上海使用。2021 年启动以来，累计申领创新券的企业超 3000 家，累计申领金额超过 2 亿元。科技创新券的通用通兑，大大推动了大型科学仪器、设施资源的开放共享，提高了大科学装置、基础平台等的使用效率。

（三）共育国际一流科创生态

1. 共建高水平人才高地

人才作为第一资源，在科技创新中具有重要地位，也是培育发展新质生产力的重要因素。长三角 G60 科创走廊把深化城市间人才合作作为重点之一，共建高水平人才高地，出台一系列文件，制定实施人才高地建设方案，合力推进人才平台建设，轮值举办人才峰会，推进人才资源共享，推进人才链与产业链、创新链、金融链、教育链融合发展。建立九城市人才信息库，实现人才资源互通有无，提升人才交流互动频率，举办人才论坛、人才培训等活动，形成区域人才集聚效应。

2. 联合成立跨区域科技成果转化基金

为了更好地促进科技成果转化，深化长三角城市间科技创新合作，2022 年，在科技部的指导下，设立了长三角 G60 科创走廊科技成果转化基金，基金首期规模 20 亿元，由长三角 G60 科创走廊九城市、海通证券等认缴。基金兼顾盈利性和公益性，重点支持长三角地区重点产业集群，如集成电路、生物医药、人工智能、高端装备、新材料、新能源、新能源汽车等，支持相关科技成果转化，定向扶持科技创新企业，要求基金 50% 投向战略性新兴产业的中早期项目。长三角 G60 科创走廊科技成果转化基金成立以来，吸引了九城市众多科创企业积极申请，长三角G60科创走廊科技成果转化基金案例也成功入选由长三角三省一市科学技术厅发布的《长三角科技创新共同体协同创新典型实践案例名单》。

3. 科技与金融融合制度创新

注重发挥长三角特别是上海在金融领域的优势，创新跨区域"金融赋能"模式。成立区域金融服务联盟，包括银行、券商、投行、保险等机构在内，实现科创需求与资本市场高效对接，解决科创型企业融资难、融资贵、融资适配性差和信息不对称等问题。开展跨区域联合授信，鉴于企业跨区域异地贷款难、慢、贵问题，长三角三省一市积极引导并激励银行机构在评审评级、授信额度、还款的安排、信贷的管理以及风险防范等方面强化合作与协调，构建跨区域联合授信机制。

六、科大讯飞：坚守自主创新，做新质生产力引领者

科大讯飞股份有限公司（以下简称科大讯飞）成立于1999年，位于安徽省合肥市，是智能语音和人工智能领域上市公司和领军企业。在机器的语音合成、语音评测、语音识别方面处于领先水平，语音合成于2008年首次超过普通人的水平，语音评测于2012年首次超过人类专家的水平，语音识别于2015年首次超过人类速记员的水平。在机器智医、机器翻译、机器阅读等方面取得重大突破，2017年首次通过国家执业医师资格考试综合笔试测试，2018年首次达到全国翻译专业资格（水平）考试（CATTI）中英翻译二级标准，2019年首次在SQuAD2.0比赛中超过人类平均阅读水平。近年来，在大模型开发方面取得积极进展，2022年首次在OpenBookQA知识推理挑战赛中单模

型超过人类平均水平，2023 年发布全链条自主可控的"讯飞星火大模型"，已成为全球人工智能产业领导者。

（一）以源头创新和自主创新构筑深厚技术底蕴

1. 聚焦核心技术源头创新

科大讯飞始终坚持基础研究先行，专注于智能语音、计算机视觉、自然语言处理、认知智能等核心技术的研发，不断推动技术创新突破。尽管 2019 年科大讯飞被美国列入"实体清单"，2022 年再次被美国极限施压，但公司在核心技术研发上始终坚持自主可控的原则，致力于构建具有自主知识产权的技术体系，克服诸多不利条件，推动核心技术突破，并保持全球领先水平。

2. 持续保持高强度创新投入

近年来，科大讯飞每年将营业收入的 20% 左右用于研发，技术人员占全体员工的比例超过 60%。2009—2023 年，科大讯飞的研发投入从 0.55 亿元增至 38.4 亿元。2024 年上半年，科大讯飞营业收入达 93.25 亿元，比上年同期增长 18.91%；研发投入达 21.9 亿元，同比增长 32.23%，占营收比重达 23.5%。其中，大模型研发及产业落地拓展、核心技术自主可控和产业链可控等方面，新增投入超过 6.5 亿元。

3. 联合开展科技攻关

科大讯飞积极与国内外顶尖高校、科研院所开展产学研合作，双方共建重大科技平台、联合开展关键技术攻关、有力加速科技成果的转化周期，不仅提升了科大讯飞的创新能力和技术储备，也为我国人工智能行业发展积累了厚实的基础。早在 2011 年，科大讯飞与中国科学技术大学就获批共建了"语音及语言信息处理国家工程实验室"，2017 年，科大讯飞联合中国科学技术大学组建认知智能全国重点实验室。科大讯飞联合清华大学、中国科学技术大学开展的"多语种智能语音关键技术及产业化"项目荣获 2023 年度国家科学技术进步奖一等奖。

4. 引领语音及语言处理行业发展

科大讯飞主动发挥了源头创新和自主创新的领头羊作用。发挥全国重点实验室、语音及国家工程研究中心等平台功能，积极搭建创新开放平台，成为中国语音产业联盟理事长单位、长三角人工智能产业链联盟理事长单位等，为行业提供引领功能和服务支撑。依托星火大模型，与华为、中国移动、大众汽车、美的集团等一批重点行业头部企业开展合作，共同探索最具前瞻性的应用场景和技术解决方案。

（二）贯通教育—人才—科技链条

1. 加大人才引进力度

科大讯飞持续加大力度引入领军、高阶等顶尖人才，以提升公司的核心竞争力和创新能力。科大讯飞通过"飞星计划"等专项招聘项目，针对海内外顶尖院校的应届硕博毕业生进行选拔，通过科大讯飞研究院定制的全方位培养计划，使其快速成长为人工智能领域的卓越科学家和技术骨干。这些人才在人工智能领域具有深厚的学术背景和丰富的实践经验，可以为技术研发和市场拓展提供强有力的支持。

2. 共建校企人才培养基地

科大讯飞与多所高校合作共建了校企人才培养基地，开创了"五位一体"产教融合模式。例如，科大讯飞全资承办的安徽信息工程学院就是产教融合的重要成果之一。科大讯飞还在全国范围内与 30 多所院校开展专业或专业群共建、与 10 多所院校联合共建人工智能现代产业学院，合作院校包括河南工业大学、长春师范大学、吉林外国语大学、天津仁爱学院等。通过共建基地，科大讯飞与高校共同打造了集教学、科研、实训、就业于一体的全方位人才培养体系。

3. 发挥科技创新平台作用

科大讯飞通过建设重点实验室、推出 AI 创新教育实验室、发展讯飞生态平台和开放平台等做法，为人工智能技术的创新和应用提供了强大的支持。其中，由科大讯飞和中国科学技术大学联合共建的国家级科研平台——认知智能全国重点实验室于 2022 年 5 月成为科技部遴选的首批 20 家全国重点实验室之一，致力于将人工智能与人类认知过程相结合，推动智能技术的突破和应用。科大讯飞已在全国建设了 28 个人工智能科技孵化器和产业加速中心，孵化了 1527 家科技创业企业，产值达 336.48 亿元，极大提升了科大讯飞的技术实力和市场竞争力。

4. 深度参与行业标准制定

科大讯飞联合产业头部企业共同成立专业建设指导委员会，依据产业发展趋势推动专业质量建设，打造特色优势专业。同时，科大讯飞还主导制定了工业和信息化部、人力资源和社会保障部人工智能、大数据等相关岗位的能力标准以及教育部 1+X 认证，引入相关行业标准及专业认证体系，辅助提高专业的标准化水平。

（三）引领带动合肥"中国声谷"、"创新高地"、新能源汽车崛起

1. 支撑打造"中国声谷"

科大讯飞是"中国声谷"的核心企业之一，通过其在语音识别、语音合成、语义理解等人工智能技术的研发和应用，为"中国声谷"提供了强大的技术支持，例如，科大讯飞主导制定了全球首个智能语音交互 ISO/IEC 国际标准，并多次获得 CHiME、Blizzard Challenge、IWSLT[①] 等国际评测冠军。科大讯飞通过建立语音开放平台，吸引了

---

① CHiME、Blizzard Challenge、IWSLT 都是知名的语音识别和自然语言处理领域竞赛。

大量的开发者和企业加入，形成了广泛的技术合作和产业链上下游的协同发展，截至2023年上半年，讯飞人工智能开放平台已聚集497.4万名开发者，应用数172.5万。科大讯飞在教育、医疗、政法、智慧城市等多个行业深化商业化应用落地，推动了行业解决方案的开发和推广，进一步促进了"中国声谷"的行业应用和市场拓展。

2. 推动打造"创新高地"

科大讯飞一直致力于人工智能技术的创新和研发，在合肥设立了多个研发中心和创新基地，吸引了大量的人才和技术资源。科大讯飞与全球顶尖科研机构和企业合作，共同推动人工智能技术的发展和应用，科大讯飞的创新成果推动了合肥在人工智能领域的技术创新，这种全球化的视野和合作模式，不仅为合肥高新区的创新生态注入了新的活力，也为合肥打造创新高地提供了有力支撑。科大讯飞通过技术创新、产业生态构建、应用场景拓展、政策推动与标准制定以及示范效应与影响力等多个方面对长三角地区的人工智能产业产生了显著的促进作用。

3. 布局发展新能源汽车

科大讯飞与江淮汽车等合作，为新能源汽车的研发、生产、销售等多个环节提供了强有力的支持。开发新能源汽车的智能座舱，通过智能语音交互、自然语言处理等技术，为用户提供更加便捷、智能的驾驶体验。通过训练专门的智能驾驶大模型，科大讯飞可以将感知、图像、雷达等数据输入模型中，辅助自动驾驶系统做出更精准的决策。通过用户情绪感知进行个性化推荐和共情交互，以及开启人工智能绘画、故事创作、英语陪练等个性化、多功能智能服务。科大讯飞还参与了合肥市新能源汽车产业基金的投资，助力合肥乃至长三角新能源汽车产业的发展。

（四）构建技术与市场有效对接的开放型产业生态平台

1. 搭建讯飞开放平台

讯飞开放平台汇聚了丰富的人工智能产品及能力，涵盖了语音识别、语音合成、图像识别、自然语言处理等多个领域。截至 2024 年 6 月底，讯飞开放平台已开放 709 项人工智能产品及能力，包括开放 API 和 RAG、Agent 等大模型配套能力方案，总应用数超过 254.9 万，累计覆盖终端设备数超过 40.8 亿，链接超过 1000 万名生态伙伴，平台已聚集超过 706.4 万个开发者团队，并且保持每月新增近 20 万名用户的增长速度。

2. 探索形成"1+N"模式

所谓"1"，就是开源的大模型平台，所谓"N"，就是结合用户需求、开发者及合作伙伴形成的 N 个重点领域和赛道，行业用户可以在此基础上根据具体场景进行微调。该开放平台还孕育出了不少具有一定影响力和知名度的科技型企业，如羚羊工业互联网平台，打通了研产供销服管全环节，实现了海量的工业互联网应用和需求之间的深度对接，助力工业企业实现数字化、智能化升级。截至 2024 年 4 月 28 日，平台入驻用户已达 114.5 万个，累计访问量超 2 亿人次。

3. 丰富智能应用场景

讯飞开放平台将更加积极地抢抓大模型浪潮机遇，投入更多资源提升和夯实大模型底座能力，缩小与国际领先水平的差距，进一步提升公司在全球人工智能竞争中的话语权和影响力，全力推动其在更多场景广泛应用和落地实施，与行业龙头企业携手，探索教育、医疗、金融、智慧城市等领域，共同打造行业解决方案，将人工智能技术深度融入各行各业，为用户提供更加强大的智能化支持。

（五）以人工智能全方位赋能产业升级

1. 提高教育教学体验

科大讯飞利用人工智能技术，开发了智慧教育平台、个性化学习系统等，为师生提供个性化的教学和学习体验。科大讯飞还能够通过人工智能分析学生的学习数据和行为，精准推荐个性化的学习资源和路径，从而实现因材施教，有效提升学生的学习效率和质量。科大讯飞的智慧课堂已经广泛应用于各类学校，能够实现课堂互动、学生测评、个性化辅导等功能。

2. 便捷智能就医服务

科大讯飞将智能语音及人工智能技术与医疗行业深度融合，研发智能医疗设备，通过智能辅助诊断、病历分析等手段，不仅帮助医生提高诊断准确性和效率，减轻他们的工作负担，还为患者提供更加便捷、高效的医疗服务。科大讯飞建设以云医声为基础的远程协同平台，实现区域协同诊疗、患者360°信息互通共享、远程MDT、区域协同和双向转诊等功能。科大讯飞还推出了互联网医院平台，基于智能语音交互、医学认知与推理技术、电子病历质检技术等，为居民提供线上线下便捷智能就医服务。

3. 推进金融服务升级

科大讯飞的人工智能技术正在助力金融机构实现智能化转型，科大讯飞与包括六大国有银行在内的多家银行签署了战略合作协议，共同推进金融服务的智能化升级。通过智能风控、智能客服等手段，提升审核效率、强化风控能力，降低运营成本，增强竞争力。科大讯飞帮助金融机构提升业务处理效率和服务质量，开发智能投顾系统，通过大数据分析客户的投资偏好和风险承受能力等因素，为客户提供个性化、精准化的投资建议和理财方案。

4.提升城市管理效率

科大讯飞通过智慧政务、智能交通、智能安防、智慧建筑、智慧园区等手段，帮助城市管理者精准化决策，提升城市运行和治理效率，提高居民生活质量。例如，科大讯飞推出的"一网统管"平台，以"高效规范处置一件事"为目标，通过政务大模型、智能语音等，使城市事件发现、分派、处置效率大幅提升。科大讯飞的数智园区平台，利用物联网、大数据、人工智能等 ICT 技术，为园区规划建设、管理服务、运营等核心领域提供全面赋能。

第四章

粤港澳大湾区

一、深圳：以企业为主体推动创新链与产业链深度融合

长期以来，深圳深入实施创新驱动发展战略，加强企业主导的产学研深度融合，促进战略性新兴产业和未来产业发展已逐渐成为加快形成新质生产力和塑造高质量发展新动能的主要手段之一。透过深圳统筹"20+8"产业集群①发展"形"与"势"可以看到，深圳已然循"新"出发、向"新"而行，在这片加快形成新质生产力的主战场上精心谋划、超前布局、力争主动，加快打造具有全球影响力的产业科技创新中心。

（一）以科技创新铸造加快形成新质生产力之魂

创新是深圳的"根"和"魂"，是与这座城市相生相伴的特质和品牌。长期以来，深圳不断加大创新投入力度，持续激发科技创新活力，全社会 R&D 经费投入从 2014 年的 643 亿元上升至 2023 年的 1881 亿元，年均增长 12.7%，R&D 经费投入强度从 2014 年的 4.02% 提高到 2023 年的 5.81%。企业科技创新主体地位更加突出，2023 年全市国家高新技术企业超过 24000 家，是 10 年前的 5.2 倍，每平方公里国家高新技术企业达到 12 家，位居全国城市首位，全市 90% 的创新型企业为本土

---

① "20"即以先进制造业为主的二十大战略性新兴产业集群，"8"即八大未来产业。

企业、90% 的研发人员在企业、90% 的研发投入源自企业、90% 的专利产生于企业、90% 的研发机构建在企业、90% 以上的重大科技项目由龙头企业承担，形成了"6 个 90%"的特点。与之相对应的，深圳 PCT 国际专利申请量稳居全国城市第 1，每万人口高价值发明专利拥有量 2022 年达到 82.6 件，深港穗科技集群已连续 4 年排名全球第 2。

深圳坚持前瞻性思考、全局性谋划、战略性布局、整体性推进，以科技创新引领现代化产业体系建设，因地制宜发展新质生产力，全方位打造创新之城已初见成效。河套深港科技创新合作区、光明科学城等国家重大战略平台建设按下"加速键"，鹏城实验室、粤港澳大湾区（广东）量子科学中心等国省实验室高质量运行，国家第三代半导体技术创新中心、5G 中高频器件创新中心、超高清视频创新中心等平台有序培育。其中，光明科学城作为大湾区综合性国家科学中心先行启动区，规划布局了"9+11+2+2"的重大科技创新载体①，现阶段在建和运营的已达到 20 个，2023 年开始运营的合成生物研究、脑解析与脑模拟设施均具备国际领先水平；鹏城实验室牵头研发的超级计算机"鹏城云脑Ⅱ"，连续 7 次排名全球超算存储 500 强榜单第 1。

深圳本着加快形成新质生产力需要强化高素质人才培育的理念，推动出台了更加积极、更加开放、更加有效的人才政策，持续塑造人才品牌，加快打造大湾区高水平人才高地。深入开展科技人才评价改革试点工作，设立全新机制创新创业学院——深圳零一学院、深圳科创学院，探索制定《深圳市外籍"高精尖缺"人才认定

---

① 即 9 个重大科技基础设施、11 个前沿交叉研究平台、2 所省重点实验室、2 所高水平研究型高校。

标准》，2023 年留学回国人员超过 20 万人。光明科学城推出"人才高地计划"，对光明科学家谷进行一体化设计，高质量打造"才享光明"人才综合服务平台，并依托优越的生态本底营造"住房无忧、教育无忧、生活无忧"的人才宜居环境，对高层次人才的吸引力进一步增强。2023 年，光明区共吸引高层次人才 2541 人、博士人才 3571 人、科研院所人才 6087 人，分别是 5 年前光明区成立时的 7 倍、6 倍、4.5 倍。

（二）密切新兴产业和未来产业同新质生产力的联系

持续涌现的新产业、新业态，为深圳新质生产力的培育和发展提供了坚强支撑。2023 年，深圳战略性新兴产业增加值达到 1.45 万亿元，占 GDP 比重接近 42%，继续蝉联全国城市首位。

2023 年 11 月 24 日，比亚迪第 600 万辆新能源汽车正式下线，成为全球第一个取得这一成就的汽车品牌。回首过往，作为最早研发新能源汽车的企业，其 20 年来在核心技术领域持续加大研发投入，设立 11 个研究院，研发人员超过 9 万人，凭借刀片电池、DM-i 超级混动、CTB 电池车身一体化、云辇智能车身控制系统等颠覆性技术创新，持续引领产业变革，从第 1 辆到第 100 万辆用时 13 年，而从第 500 万辆到第 600 万辆仅用时 3 个多月。比亚迪的成功映射出深圳新能源汽车产业的强劲发展势头，目前该产业已构建起"电池、电机、电控""智能驾驶、智能座舱、智能网联"先发优势，深圳也成为全球范围内该产业链最完整也最具竞争力的城市之一。而作为新能源汽车产业的新增长点，深圳打出"一杯咖啡、满电出发"的口号，着力打造"超充之城"。截至 2023 年 4 月底，深圳已累计建成超级充电站 362 座，数量已超过传统加油站，初步构建了遍布城市的超充服务网络。

　　坐落于深圳福田的华强北，被誉为"中国电子第一街"，这里是信息通信产业链枢纽，是中国电子信息产业的风向标，也是深圳在全球电子信息产业地位的重要体现。作为电子信息产业重镇的深圳，是全国乃至全球重要的消费电子研发中心、制造中心和集散中心。1991年，深圳电子信息产业产值仅为177亿元，30多年间增长超过140倍。2023年，深圳电子信息产业增加值达到5717亿元，产业规模约占全国的1/6，其中智能终端、网络通信产业产值近万亿元，半导体及集成电路、超高清显示产业产值超过千亿元。截至2024年3月，深圳规模以上电子信息制造企业超过4100家，其中千亿级企业5家、百亿级企业27家、中国电子信息百强企业21家，领军企业领飞、细分龙头企业深耕的良性格局已然构建。全球1/7的智能手机是深圳制造，通信基站产量更占到全球的一半。面对新一轮数字化浪潮，华强北亦重整行装再出发。政府通过政策引导，支持华强北建设高品质、低成本产业空间，吸引全球创新要素，形成浓厚创新氛围，聚焦"三个中心"定位[①]，着力打造国际化创新创业街区，而这也成为深圳电子信息产业继续突破的一个缩影。

　　人形机器人、商业航天、深海装备，深圳制造愈发成为前沿技术和未来产业结合的样板。作为未来智能装备的重要领域，人形机器人正日益成为科技企业必争之地。2023年12月29日，深圳企业优必选科技在港交所上市，成为第一家人形机器人上市公司，其人形机器人围绕工业制造、商用服务和家庭陪伴3个应用场景，将人从简单重复的劳动中解放出来，将成为下一代消费级人机交互终端。商业航天同样被视为未来产业发展的重点领域。2023年8月10日，"谷神星一号"

---

　　① 三个中心，即全球电子元器件贸易中心、全球硬件创新创业中心、国际时尚电子消费中心。

运载火箭携带深圳企业椭圆时空研制的"星池一号 B 星"发射成功，成为商业化通导遥一体化卫星星座"星池计划"的首颗卫星。除卫星外，经过多年积淀，深圳已构建起包含精密制造、航天材料、无人机等产业在内的产业体系，特别是在卫星导航、遥感测绘等领域集聚了众多优质企业，一个新的百亿集群正在形成。此外，深圳持续壮大海洋高端装备制造业，深圳赤湾胜宝旺工程有限公司近 5 年市场份额全国第一，南海油田超过 7 成导管架为其建造；中集集团打造的蓝鲸 1 号和蓝鲸 2 号代表了全球海洋钻井平台设计建造最高水平，分别成功助力国家可燃冰第一轮、第二轮成功试采；研祥集团研制的"蛟龙号"计算机系统，助力奋斗者号潜水器深潜马里亚纳海沟，创造了国家载人深潜新纪录。

（三）建立健全加快形成新质生产力的体制机制

改革开放以来，深圳的一路风雨一路凯歌，处处呈现着制度创新之美，在新质生产力发展上亦是如此。强化战略科技力量方面，深圳主动探索关键核心技术攻关新型举国体制，有组织地推进战略导向的原创性、基础性研究，全国首创以立法形式规定"市政府投入基础研究和应用基础研究的资金应当不低于市级科技研发资金的百分之三十"，截至 2023 年底，累计资助项目 6000 多个，投入资金超过 40 亿元。支持各类创新主体承担国家科技重大项目和重点研发计划，截至 2023 年底，累计对超过 1200 个国家和省级项目配套资助 30 多亿元。

营造良好创新生态方面，强化知识产权创造、保护、运用，以深交所为基础建设全国性科技成果与知识产权交易中心，截至 2023 年底，累计服务项目 1200 多个。深化知识产权证券化融资试点，截至 2023 年底，累计发行 79 单产品，融资规模约 180 亿元，居全国首位。

促进重大科技基础设施和大型科研仪器开放共享，入网仪器逾1.1万台，原值达110多亿元。打造特色科技金融服务体系，全国首创"深圳创投日"这一服务现代化产业体系升级和新质生产力发展的月度常态化产融对接活动，深圳风投创投机构数量和基金管理规模均处于全国城市前列，以"一个产业集群至少有一只基金配套支持"的理念重构基金体系，成立科技创新种子基金，打造投早、投小、投科技的风向标。

产业高质量创新发展方面，探索完善科技成果"沿途下蛋"高效转化机制，以大科学装置与平台为基础，布局了一批创新中心，打通"最初一公里"。例如，深圳依托深圳先进院和合成生物大科学装置，布局了深圳市工程生物产业创新中心，在全国率先推出"楼上楼下"创新创业综合体模式，不仅有助于前沿技术与市场需求高效对接，也为科研人员提供科研成果转化的更多可能性。探索"投建运转"一体化运营模式，建设综合统筹平台，以财政投入、地方政府专项债、成果转化收益等方式筹措资金，统一推进设施建设、统一运营维护管理、统一推动成果转化，推动有效市场和有为政府更好结合，走出了一条"政府主导、平台统筹、市场化运作"的具有深圳特色的设施建设运营创新之路。

二、河套合作区：以深港协同打造新质生产力发源地

河套深港科技创新合作区（以下简称河套合作区）位于深圳中南部与香港北部接壤地区，占地面积3.89平方公里，其中深圳河北侧的深圳园区面积3.02平方公里，南侧的香港园区面积0.87平方公里，是广深港科技创新走廊与香港北部都会区的交会点。

习近平总书记高度重视河套合作区建设。2017 年 7 月，习近平总书记亲自见证《深化粤港澳合作 推进大湾区建设框架协议》签署①，协议中明确提出支持港深创新及科技园建设。2020 年 10 月，习近平总书记在深圳经济特区建立 40 周年庆祝大会上发表重要讲话，强调要规划建设好河套深港科技创新合作区②。2023 年 8 月，国务院印发《河套深港科技创新合作区深圳园区发展规划》，明确河套合作区要加快打造深港科技创新开放合作先导区、国际先进科技创新规则试验区、粤港澳大湾区中试转化集聚区，这些都为河套合作区加快形成新质生产力指明了方向。

（一）推进深港深度合作载体建设

科技创新是深港合作的"最大公约数"。河套合作区充分利用"一国两制""一区两园"有利条件，围绕生命科学、信息科学、材料科学三大重点方向进行产业布局，聚焦"五流四制"③开展制度与政策创新探索，通过空间改造和政策叠加，吸引创新资源集聚发展，区内科技创新浓度不断提升。

空间拓展蓄势跃升。截至 2024 年 5 月，河套合作区通过"租、购、改、建"等渠道，开辟 80 万平方米高质量科研空间，建成深港国际科技园、国际生物医药产业园等 11 个专业化园区。2023 年 9 月 7 日，香港科学园深圳分园开园，这是内地首个由港方运营的科创园区，也是河套合作区内第一个适用深港两地政策的科创园区，香港应用科

---

① 《习近平出席〈深化粤港澳合作 推进大湾区建设框架协议〉签署仪式》，《人民日报》2017 年 7 月 2 日。

② 《习近平：在深圳经济特区建立 40 周年庆祝大会上的讲话》，新华网，2020 年 10 月 14 日。

③ "五流"即人流、物流、资金流、信息流、商流，"四制"即法制、税制、科研体制、园区管理体制。

技研究院、大湾生物有限公司等 30 多家香港机构和企业入驻①。

创新资源持续汇集。截至 2024 年 7 月，已有超 160 个高水平科研项目在河套合作区落地推进，8 个国家级重大科研平台、8 家世界 500 强研发中心、10 个香港高校科研机构、15000 余名科研人员在河套合作区聚集。2024 年 1 月，河套国际性产业与标准组织聚集区成立，国际星闪无线短距通信联盟、世界无线局域网应用发展联盟等国际组织在河套合作区落地，构建起"6+1"发展架构，实现了深圳在新型产业标准国际组织领域的突破。

制度创新深入推进。2023 年 11 月，深圳市财政局与科技创新委员会发布通知，探索在河套合作区深圳园区适用港澳审计准则。河套合作区内深圳数据交易所率先开展跨境数据交易试点，交易金额在全国排名首位。推出首个深港"联合政策包"，提出 28 条具体举措，让科创项目和人才同时享受深港两地的政策支持。率先推出团队揭榜制、选题征集制等科研管理机制，首批 5 家机构和企业"揭榜挂帅"。

（二）为科技创新注入金融"活水"

2023 年 2 月 14 日，河套合作区企业舒糖讯息科技（深圳）有限公司②获得来自香港的知识产权融资，这是全国第一个深港跨境知识产权证券化项目。知识产权融资也成为深港深化合作，帮助初创科技企业破解融资难、融资贵的新手段。

加强知识产权金融创新。为解决科技企业高成长性但轻资产的问题，河套合作区以企业知识产权为切入点，以深圳高新投、平安证券、中国（南方）知识产权运营中心、工银亚洲等境内外机构为主体，创

---

① 《撬动深港"河能量"拥抱科学"新春天"》，《南方日报》2024 年 5 月 22 日。
② 舒糖讯息科技（深圳）有限公司成立于 2015 年，是河套合作区内科技企业，核心业务是研发无创血糖监测可穿戴设备，在河套合作区推动下获批国家外汇管理局外债便利额度试点企业。

造性提出"境内＋境外""公募＋私募"的知识产权综合融资模式，为培育和发展新质生产力注入动力。境内公募和境外私募的双向同步发行，为优化深港两地金融资源打造了可行架构，为河套合作区内科技企业达到财务资源全球整合提供了可行方案。

激发科技创新资本活力。河套合作区的"N+1"知识产权综合融资模式，企业不需要转让知识产权即可便捷获得融资，有利于企业压减融资成本，提高资金周转率，且河套合作区对符合一定条件的企业给予贷款利息及服务费 50% 的支持。河套合作区内众多科技企业，由深圳市高新投集团将企业知识产权转化为金融资产，赴深交所申请挂牌。2023 年 1 月，河套合作区—平安证券—高新投知识产权资产支持专项计划顺利发布，帮助河套合作区 8 家科技企业融资 5800 万元，加上政府补贴，企业年化综合融资成本不到 3%。

畅通跨境资本融资通道。以外债便利试点改革为基础，河套合作区创造性提出"知识产权在岸质押＋跨境反担保＋资本项下外债流通"的融资新模式，使企业的融资成本减少超 20%。河套合作区科技企业在香港以私募形式完成证券化募资，由工商银行深圳分行落实知识产权"在岸"收益权受让，并通过跨境反担保与中国工商银行（亚洲）建立跨境"知识产权"增信，最后由企业将所获融资在其专项外债额度内以外债形式入境，按照自身需求分批使用[①]。

（三）携手为发展新质生产力提供服务保障

河套合作区的显著优势是与香港陆路相接，是深港衔接的枢纽地带，具有特殊地缘优势。随着河套合作区建设全面提速，深港科技企业加速集聚，深港科技创新合作进入新阶段。

---

① 《全国首个深港跨境"N+1"知识产权证券化项目在深圳市河套合作区落地 广东积极探索专利运营跨境融资模式》，广东省市场监督管理局网，2023 年 3 月 7 日。

深港合作对河套合作区的规划建设、要素引进和管理运营等提出更高要求，深圳国资委牵头，深投控、福田投控、深业集团联合出资100亿元设立的企业深港科技创新合作区承担了这一重要任务，其作为服务区域重大战略的功能性国企、联系香港园区的全方位通道、负责片区建设管理的市场化载体，为河套合作区加快形成新质生产力提供重要支撑。截至2024年5月，深港科创在河套合作区运营河套科创中心、深港国际科技园等5个项目，面积近35万平方米。河套合作区积极构建了政企资源协同引入机制，推动构建了"六大集群"，即国家重大平台、关键核心技术攻关项目、全球500强企业、独角兽企业、香港知名大学、港澳创业平台。创建以来，深港科创持续为河套合作区打造高标准产业空间，3个在建工程规划面积近60万平方米，投资近140亿元，为加快形成新质生产力"筑巢引凤"。其中，河套科创中心正积极建设河套合作区生命科学研发平台，形成集研发、实验室、配套等功能的科创综合体，已吸引国家药监局大湾区"双中心"等"大国重器"以及君圣泰医药等企业，研发有支撑、转化有场景的科创生态圈正逐步形成。河套合作区门户总部办公地标——河套壹号拔地而起，含总部办公及集中式商业业态、高端医疗及市政配套，成为稀缺的地标级商务封面资产。集地标商务办公、集中式商业等业态及医疗配套于一身的综合体——东翼–1项目，即将在2025年提供7万平方米的居住配套，给予深港科技人才优质的生产生活条件，国际企业和高端人才来到河套，将能享受到全方位的配套支持[1]。

---

[1]《撬动深港"河能量"拥抱科学"新春天"》，《南方日报》2024年5月22日。

三、佛山：数改智转推动传统制造向智能制造转型发展

作为"中国制造"重要样本城市，佛山面对传统制造业占比较大、现代化产业体系不优、经济发展后劲不足等问题，坚持"制造业当家"，主动拥抱新一代信息技术及数字化建设，积极推进制造业数字化、智能化改造升级（以下简称"数改智转"），努力推动制造业焕"新"发展，不断提升制造企业全要素生产能力，优化生产要素创新配置，为传统制造大市探索培育发展新质生产力提供了重要路径参考及实践经验。

（一）筑牢传统制造业发展基础

制造业发展起步较早。佛山自古就是中国制造业重镇，蚕丝、制糖、陶瓷业发展历史悠久。改革开放初期，佛山凭借毗邻港澳的区位优势，大力发展"三来一补"（来料加工、来样加工、来件装配和补偿贸易），积极承接港澳产业转移，逐步形成制衣等产业。在县、镇两级政府直接投资及提供贷款担保、税收减免等优惠政策支持下，佛山以乡镇企业为主导的公有制经济迅速发展，工业经济进一步壮大。进入20世纪90年代，顺德率先推动公有制、集体所有制企业产权改革并在全市推开，极大激活了佛山"二次创业"的生机与活力，培育形成了以美的、碧桂园为代表的一批世界500强企业，并在2000年前后培育形成一批经济规模超过十亿元、百亿元甚至千亿元的专业镇，如北滘家电、南庄陶瓷、乐从家具、西樵纺织等，"佛山制造"逐步崛起[①]。

---

① 《佛山制造40年：从来料加工到创新崛起》，《佛山日报》2018年10月8日。

工业经济总量位居全国前列。经过长期发展，佛山在陶瓷、家电、家居、铝型材、不锈钢等领域取得显著进展。1994—2022 年，佛山市工业总产值从 731.3 亿元增长至 27965.4 亿元，年均增速高达 13.9%；同期，工业增加值从 186.4 亿元增长至 5603.2 亿元，年均增速高达 12.9%（见图 4-1）。2023 年，佛山实现地区生产总值 1.32 万亿元，在全国各城市排名第 17 位。作为全国唯一的制造业转型升级综合改革试点城市，佛山市规上工业总产值突破 3 万亿元[①]，规上工业增加值超 6300 亿元，分别居全国城市第 4、第 5 位，且佛山五区均入围中国工业百强区（见表 4-1）。

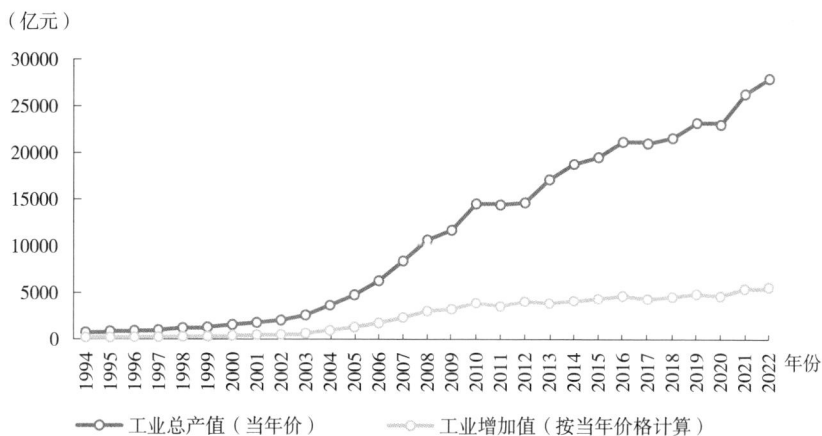

图 4-1 1994—2022 年佛山工业总产值及工业增加值

资料来源：历年佛山统计年鉴。

表 4-1 2023 年"中国工业百强区"部分名单

排名	省份	城市	市辖区
1	广东省	深圳市	龙岗区
2	广东省	广州市	黄埔区
3	广东省	佛山市	顺德区

---

① 《向广东第二个 3 万亿级工业强市冲刺》，《南方日报》2023 年 6 月 18 日。

续表

排名	省份	城市	市辖区
4	广东省	深圳市	南山区
5	广东省	深圳市	宝安区
6	广东省	佛山市	南海区
7	江苏省	常州市	武进区
8	江苏省	南京市	江宁区
9	江苏省	苏州市	吴江区
10	江苏省	无锡市	新吴区
25	广东省	佛山市	三水区
34	广东省	佛山市	高明区
44	广东省	佛山市	禅城区

资料来源：中国信息通信研究院发布的2023年"中国工业百强区"榜单。

部分产业集群加快建设。2023年，佛山共有70家企业入围"2023年广东省制造业企业500强"。其中，家电领域涌现出美的、格兰仕、海信、小熊、德尔玛等国内外知名品牌。据不完全统计，佛山陶瓷、微波炉、电风扇、冰箱、空调、酱油产量全部都是世界第一。此外，在2022年11月工业和信息化部公布的45个国家先进制造业集群中，广东省共有7个，并全部位于粤港澳大湾区（见表4-2）。

表4-2 2022年粤港澳大湾区国家先进制造业集群情况

所在城市	国家先进制造业集群
深圳	深圳市新一代信息通信集群
广州、佛山、惠州	广州市、佛山市、惠州市超高清视频和智能家电集群
东莞	东莞市智能移动终端集群
广州、深圳、佛山、东莞	广州市、深圳市、佛山市、东莞市智能装备集群
深圳	深圳市先进电池材料集群
深圳、广州	深圳市、广州市高端医疗器械集群
佛山、东莞	佛山市、东莞市泛家居集群

资料来源：根据工业和信息化部公开资料整理。

（二）推动制造业数改智转焕"新"发展

出台数改智转文件。2021 年 8 月，佛山市印发了《佛山市推进制造业数字化智能化转型发展若干措施》，从加快制造业企业数字化智能化转型、加大财政支持力度、加快产业集群数字化智能化转型、增强数字化智能化供给能力、优化数字化智能化公共服务等 5 个方面推出 25 条具体举措，配套财政资金 100 亿元，对制造业转型进行全周期奖补，对数字化智能化示范工厂最高一次性奖励 2000 万元，固定资产投资最高奖励 1 亿元；设立了总规模 300 亿元、首期 100 亿元的制造业转型发展基金[①]，还在全国首创"数字贷"，推出风险补偿、全额贴息两大政策。官方数据显示，截至 2024 年 5 月，"数字贷"已累计贴息约 1.5 亿元，贷款金额近 43 亿元，撬动企业投资超 189 亿元[②]。

建设数改智转示范工厂。为加快推动制造业数字化智能化转型，探索新型工业化发展路子，佛山每年筛选建设一批数字化智能化示范工厂、示范车间、标杆项目，为不同行业、规模及转型阶段的企业提供标杆[③]。截至 2024 年 5 月，佛山已培育建设国家"数字领航"企业 2 家、"灯塔工厂" 2 家、示范工厂 73 家、示范车间 198 个。针对佛山童装产业体量相对偏小，但企业数量庞大、数字化水平较低等问题，佛山充分利用腾讯云的云计算、大数据、人工智能等优势，推动其与佛山童装协会合作开发纺织服装（童装）产业集群数字化平台；此外，腾讯云还与佛山市顺德家具协会达成协议，共同开发建设佛山家具产业集群数字化平台。

不断建立完善转型发展生态。截至 2024 年 5 月，佛山建立了转型

---

① 《失速的佛山要保持转型定力》，《中国经济时报》2024 年 5 月 22 日。
② 《加速"数改智转"广东佛山制造焕"新"》，中国青年网，2024 年 5 月 17 日。
③ 《失速的佛山要保持转型定力》，《中国经济时报》2024 年 5 月 22 日。

"生态资源池"，已有工业和信息化部认定的9家工业互联网平台企业，拥有超200家覆盖转型进程全链条的数智化服务商。同时，佛山加速培育工业机器人等转型发展硬件产业，机器人及智能装备总产值突破900亿元，为数改智转提供了重要的技术及产业支撑[①]。

数改智转典型案例不断涌现。通过实施数字化智能化改造，佛山传统制造企业数字化转型逐步提速，生产成本不断下降，生产效率明显提升。其中，美的厨热洗碗机顺德工厂是佛山加速数改智转、推动制造业基本盘转型升级的典型案例。该工厂充分利用大数据、人工智能（AI）、5G技术、工业互联网等技术，实现数据的在线智能分析，减少了对人工排产、调度、搬运的依赖。通过应用一系列数字化、智能化技术，美的厨热洗碗机顺德工厂单位生产成本降低24%、交付时间缩短41%、研发时间缩短30%、缺陷率降低51%[②]。此外，围绕"双碳"计划，美的厨热洗碗机顺德工厂也在加快绿色低碳转型，在园区内部建立了能源管控平台，实现工厂能耗在线化管理，园区的绿电使用占比达到20%。

（三）打造一流营商环境，擦亮"佛山智造"品牌

优化营商环境及企业服务。围绕"高效办成一件事"这一主线，佛山以推动政务服务数字化为抓手，不断拓展政务服务网上办理的事项范围及空间广度，切实提升政务服务效能。佛山率先推行"一照通行"涉企审批服务等改革，制定实施《佛山市市场主体服务条例》，不断激发释放市场主体活力[③]。2023年，佛山新登记市场主体40.26万户，同比增长23.93%，新增数量位居全省地级市第1；截至2023年

---

① 《广东佛山44.7%规上工业企业实施数改智转》，佛山市新闻传媒中心，2023年6月30日。
② 《广东数字经济引擎持续发力》，《中国证券报》2023年1月12日。
③ 《向广东第二个3万亿级工业强市冲刺》，《南方日报》2023年6月18日。

底，佛山市市场主体总量达 157.6 万户。佛山打造了"益晒你"企业服务体系，建立企业服务员制度，成立市、区、镇（街道）三级"益晒你"企业服务中心^①。此外，佛山还打造了全国首个以制造业为核心内容的城市 IP——"有家就有佛山造"城市品牌，助力企业高质量发展。

强化有针对性的政策扶持。为解决传统产业转型升级面临的问题，切实降低企业转型成本，佛山市南海区推出"0 元"系列数字化转型扶持行动。2022 年以来，南海区先后推出"0 元诊断季""0 元工具箱"等活动，充分调动了数字化服务商、数字化专家库等服务资源，降低企业的试错成本，助推形成良好的示范效应。2023 年，在"数字领航"行动计划下，南海再次推出"0 元交付季"活动，通过进一步破解产业集群转型中的"卡脖子"问题，在行业内化大平台为小场景，做到针对具体企业场景需求量身定制、精细交付。

加快新型基础设施建设。近年来，佛山积极推进数字基础设施建设，持续推进算力建设，为深化数据要素市场化改革提供基础支撑，不断完善数改智转发展生态。其中，作为新质生产力的重要引擎及驱动社会生产力变革的核心要素，算力使用效率直接影响数字经济发展的速度。为此，佛山积极响应全省数据要素市场化配置改革，组建市、区两级数据要素工作专班，成功推动广州数据交易所服务基地落户佛山南海区千灯湖创投特色小镇，这也是全省首个数据交易服务基地，将为全省乃至全国提供会员管理服务、数据资产合规登记等配套服务。此外，截至 2022 年底，佛山市建成 5G 基站 1.87 万座，实现重点产业园区全覆盖，为全市数改智转提供转型发展的硬件支撑。

---

① 《向广东第二个 3 万亿级工业强市冲刺》，《南方日报》2023 年 6 月 18 日。

加快人才引进和培育。佛山市高度重视企业家及专业技术人才的作用，从 2022 年开始将每年 9 月 27 日设为"佛山企业家日""佛山市人才日"，还组织举办企业家大会、民营企业家培训班、佛商论坛等活动，不断加大企业家培训及服务力度①。此外，为破除数改智转转型发展的专项人才短板，佛山市、区两级制定实施人才发展体制机制改革实施意见及配套实施细则，支持企业设立首席信息官。

四、广州黄埔区：大力推进颠覆性技术创新

作为广州实体经济主战场、科技创新主引擎、改革开放主阵地，黄埔区深谙创新在引领发展中的重要性，积极推进高水平科技自立自强，加快建设粤港澳大湾区国际科技创新中心核心枢纽，不断点燃大湾区创新驱动主引擎。2022 年，全区研发经费投入强度达 6.14%，科技创新实力连续四年稳居全国经济技术开发区第一。2023 年底召开的中央经济工作会议强调，要以科技创新推动产业创新，特别是以颠覆性技术和前沿技术催生新产业、新模式、新动能，发展新质生产力②。为贯彻落实中央部署，黄埔区不断探索颠覆性技术创新成果转化新机制，积极寻找适合自身发展的新质生产力路径，为更好发挥经济技术开发区建设在新质生产力发展中的引领作用提供了有益借鉴。

（一）发展壮大高水平创新主体

黄埔区始终坚持企业科技创新主体地位，全力加大科技企业培育力度，目前以"链主"引领、"单项冠军"攻坚、专精特新铸基的世界一流企业群初见雏形。

---

① 《向广东第二个 3 万亿级工业强市冲刺》，《南方日报》2023 年 6 月 18 日。
② 《统筹推进科技创新和产业创新》，《经济日报》2024 年 2 月 28 日。

科技型企业培育链条成效显著。黄埔区连续 10 年开展"瞪羚计划"，修订出台"高成长 10 条"，搭建"瞪羚荟""湾顶汇"等服务平台，被科技部火炬中心作为全国瞪羚企业培育的典型样板。截至 2024 年 5 月初，黄埔区拥有科技型中小企业超 4300 家，高新技术企业超 2800 家，数量居全市第一；认定瞪羚（含培育）企业超过 600 家，创历史新高。根据胡润研究院发布的《2024 全球独角兽榜》，在全球超 1400 家独角兽企业中，广州入选企业 24 家。其中，黄埔区独占 7 家，包括文远知行、如祺出行、奥动新能源、粤芯半导体等（见表 4–3），独角兽企业数量占全市的 29.2%，数量与日本、瑞士相当。

表 4–3 入选《2024 全球独角兽榜》企业

序号	公司简称	估值（亿元）	排名	行业
1	文远知行	355	158	人工智能
2	多益网络	270	244	游戏
3	粤芯半导体	160	482	半导体
4	立景创新	155	495	人工智能
5	奥动新能源	130	647	软件服务
6	如祺出行	71	1124	共享经济
7	云舟生物	71	1124	生物科技

资料来源：胡润研究院发布的《2024 全球独角兽榜》。

中小企业培育链条梯次培育成效显著。作为全国第一个"中小企业能办大事"创新示范区，黄埔区实施了专精特新育成行动，建立了专精特新中小企业培育库，成立了专精特新企业发展促进联盟，不断激发中小企业创新活力。截至 2024 年 5 月初，黄埔区共有 118 家企业跻身国家级专精特新"小巨人"企业，占广州市的一半；省级专精特新企业 1605 家，占全市的 27.4%；广州的 18 家科创板公司中，黄埔区企业数量占比超过一半。

（二）加速颠覆性技术创新

颠覆性技术是指对传统产业具有颠覆性影响的技术，是科技竞争的关键变量[①]。早在新质生产力概念提出之前，黄埔区就围绕提升科技创新能力做了大量探索，其科技创新、实际利用外资、发明专利授权量、营商环境指数等核心指标位居全国经济技术开发区第一。

关键核心技术攻关取得明显成效。深入实施中国科学院 STS 计划—黄埔专项、"揭榜挂帅"等关键核心技术攻关计划，充分激发科技创新主体活力，着力打通科技成果向现实生产力转化的"最后一公里"，关键核心技术攻关及转化取得积极成效。关键核心技术方面，国家新型显示技术创新中心研发出的 17 英寸 IGZO 喷墨打印 OLED 折叠显示屏产品技术全球领先；大湾区空天信息研究院在多源数据融合道路综合检测车、高精度 PCB 外观缺陷检测机、CCD 对位电磁热熔机等高新技术系统及设备的合作研发中取得突破性成果。成果转化方面，黄埔材料研究院与国企合作共建航空轮胎制造试验基地，推动民用轮胎产品产业化；与中山大学、复旦大学合作共建全国唯一 12 寸光电子集成中试平台。

不断完善科技创新服务体系。不断完善创业孵化育成体系，出台"孵化 10 条"，建成了"众创空间—孵化器—加速器—科技园"科技企业孵化链，引导全区孵化器向规范化、品牌化、资本化、国际化、效益化、专业化、生态化等方向发展，形成了产业生态圈，相互孵化、内部创业、应用场景赋能、核心技术赋能等多种特色孵化模式，建成了华南地区最大、最活跃的科技企业孵化器集群。截至 2024 年 5 月，黄埔区已建成科技企业孵化器 108 家，孵化载体总面积近 500 万平方米，其中

[①] 《促颠覆性技术从"幼苗"长成"大树"》，《科技日报》2024 年 3 月 19 日。

国家级孵化器总数达 27 家，位居全省第一。从中孵化出来的慧智微电子、迈普医学、禾信仪器、百奥泰等科技创新型企业正迸发创新活力。

（三）打造高能级创新平台

近年来，黄埔区坚持"四个面向"，聚焦基础科学研究和应用技术研究，全力推进战略性科技创新平台建设，打造科技成果转化"创新核"，成为同时拥有国家实验室和综合类国家技术创新中心的国家级经开区，科技创新能级跃上新台阶。

构建"2+3+N"战略科技创新平台集群。近年来，黄埔区集全区之力全方位保障战略科技力量落地建设，打造以广州实验室、粤港澳大湾区国家技术创新中心为战略引领，以人类细胞谱系大科学研究设施、航空轮胎动力学大科学中心、慧眼大设施工程为核心，以高水平研究院、新型研发机构为支撑的"2+3+N"战略科技创新平台集群[①]。截至 2024 年 5 月初，全区聚集各类高端研发机构 1319 家，其中国家级研发机构 41 家、省级研发机构 679 家、省级新型研发机构 39 家，新型研发机构集聚度和创新能力处在全国前列。广东粤港澳大湾区国家纳米科技创新研究院、黄埔材料院等中国科学院 13 个"国家队"项目加快建设；获批建设国家新型显示技术创新中心、国家印刷及柔性显示技术创新中心、国家先进高分子材料产业创新中心。

建立广州颠覆性技术创新中心。2023 年初，广州市人民政府、广州高新区管委会与京津冀国家技术创新中心依托粤港澳大湾区协同创新研究院共建广州颠覆性技术创新中心，推动建设了黄埔创新学院、颠覆性技术创新基金及颠覆性技术创新园，构建形成"大学院所 + 创新基金 + 创新园区 = 颠覆性技术创新体系"[②]。2024 年一季度，广州颠

---

① 《用创新"力撑"实体经济》，《南方日报》2021 年 12 月 27 日。
② 《广州着力构建颠覆性技术创新体系》，《科技日报》2024 年 2 月 27 日。

覆性技术创新中心与黄埔区合作共建的广州颠覆性技术创新园动工建设，该园区拥有研发、试制、培训、交流、展示等多重功能，有助于健全创新创业生态，对于打造颠覆性技术创新策源地意义重大[①]。

（四）加大人才及资金支撑力度

近年来，黄埔区充分发挥政府引导作用，深入实施人才强区战略，不断强化科技创新的资金支持，以人才、资金集聚来支撑推动科技创新高质量发展。

加快打造人才高地核心引擎。锚定"国际人才自由港"目标任务，在聚才政策、育才服务、留才生态上精准发力，全力建设粤港澳大湾区高水平人才高地核心引擎。升级"金镶玉"政策体系，发布实施"海外尖端人才8条""国际人才自由港10条"等专项政策，制定人才绿卡暂行办法，推出首个集成电路产业紧缺人才专项支持政策，初步形成了涵盖"高端领军＋中层骨干＋基层工人"各层次、"科技＋金融＋教卫＋知识产权"各领域的人才政策体系。成立区人才工作局，正式运营国家海外人才创新创业基地，开设全国首个海外人才创新创业"零跑动"服务中心，全省首推人才商事服务"极速办"，不断健全全链条人才服务体系。高标准建设"国际人才会客厅"，定期举办湾区人才说等大中型人才交流活动，常态化开展分行业、分领域人才对接交流沙龙等小微活动。截至2024年5月，全区汇集赵宇亮、许宁生、王迎军等院士团队项目121个；A类外国高端人才1142人，占广州市外国高端人才的40%；区内企业获评市产业领军人才创新团队数量占全市的七成；238家领军人才企业中已有10家企业成功上市。

不断完善科技创新资金支持机制。黄埔区不断加强对科技创新及

---

① 麦婉华：《广州黄埔：培产业抓投资 促高质量发展》，《小康》2024年第8期。

科技成果转化的资金支持，出台"高成长 10 条""高质量发展 30 条"，形成生物医药、集成电路等多层次培育政策体系，提出对临床研发费用给予最高 1 亿元补贴、对科学家给予最高 500 万元购房补贴、对国家级项目 1:1 给予 500 万元配套补贴。2023 年 9 月，广州颠覆性技术创新中心与广州产业投资控股集团、知识城集团等共同组建广州颠覆性技术创新基金，规模达 15 亿元，主要聚焦集成电路与芯片、算法与智能技术、BT-IT 融合等重点领域颠覆性技术创新、原始创新科技成果投资，截至 2024 年 5 月，该基金已与析芒医疗、载诚科技等 12 个首批颠覆性技术创新基金投资项目完成签约。

五、东莞滨海湾新区：融湾发展，打造新质生产力大湾区样本

滨海湾新区位于粤港澳大湾区的几何中心，与虎门大桥和广州南沙自贸试验片区相连，与深圳前海合作区隔河相望，毗邻港澳，是东莞向海而生、向海图强的新起点，更是东莞联动周边集聚创新资源、培育发展新质生产力的重大平台。近年来，滨海湾新区积极抢抓"双区"战略和"黄金内湾"建设新机遇，围绕制造业发展需要，主动谋划建设创新发展的重大综合性载体，加强与港澳等重点地区及周边重大平台对接联动，大力引入龙头企业创新孵化项目及创新平台机构，不断优化创新发展环境，努力探索创新链产业链深度融合发展的新路径新模式，着力打造东莞未来三十年高质量发展的新引擎，力争为粤港澳大湾区坚持因地制宜发展新质生产力提供示范样板。

（一）培育国际科技合作核心节点

滨海湾新区坚持系统创新、开放创新理念，推动打造了一批以滨

海湾国际开放创新创业社区、港澳青年创新创业基地等为代表的重大平台，努力提升新区在国际科技合作网中的节点功能，为吸引集聚创新资源及促进产业转型发展夯实了平台支撑。

全力打造东莞滨海湾国际开放创新创业社区。滨海湾国际开放创新创业社区（以下简称双创社区）是由市区联动、高标准统筹共建的创新创业综合体，重点聚焦大院大所，引进一批重大项目和重大平台资源，面向港澳和国际定向对接导入科创资源，力图打造成为国际科技成果转化示范区，是滨海湾新区推动创新链产业链深度融合的重要一环。该社区是继松山湖国际创新创业社区之后东莞的第二个国际创新创业社区。东莞努力推动在滨海湾构建"重大科技项目 + 天使基金 + 低成本空间"的科技创新全生态链，争取将其打造成为新的经济增长极。截至 2023 年 7 月，双创社区引入了新一代人工智能研究院等科技平台，已签约进驻 5 家项目，计划总投资 1700 万元，进驻人员 180 人，正在对接的重点项目超过 20 个。

推动成立滨海湾港澳青年创新创业基地（以下简称港澳基地）。该基地成立于 2020 年 12 月，旨在为来东莞创业生活的港澳台侨青年提供办公空间、企业孵化、政策辅导、资源对接等"一站式"创新创业服务。截至 2024 年 4 月，服务接待粤港澳台侨青年超过 5400 人次。港澳基地于 2022 年先后获评首批市级港澳青年创新创业基地、广东省第二批"粤港青年创新创业基地"，2023 年受邀加入了"大湾区香港青年创新创业联盟"。

（二）促进创新资源要素流通互补

立足毗邻港澳及南沙新区等独特区位优势，滨海湾新区以加快融入新发展格局为引领，不断强化与港澳地区以及松山湖科学城、南沙新区等重大平台联动，努力推动资源共享及优势互补，加快畅通新质生产力发展的痛点、堵点、断点。

纵深推进与港澳等地区对接合作。香港、澳门拥有多个世界一流大学及学科，在基础研究方面具有突出优势。为对接利用港澳资源，滨海湾新区依托港澳基地等平台，不断加强与港澳地区在关键核心技术攻关、科技成果转化落地、教育及人才培养等方面的合作。新区赴港澳地区开展了一系列重大招商推介会，拜访了澳门经济财政司、香港科学园、香港中华总商会、澳门中华总商会等政府部门、工商企业及行业商协会，并与多个港澳单位建立战略合作关系。此外，新区还规划建设了滨海湾青创城、港澳新城、港澳码头等一批面向港澳的平台项目，新区联通港澳台侨等优质资源的优势不断显现。

深化与松山湖科学城联动发展。松山湖科学城是大湾区综合性国家科学中心建设的主要承载区，是粤港澳大湾区国际科技创新中心建设的重要支点，目前已拥有中国散裂中子源等大科学装置、建成松山湖材料实验室等重大科研平台。在东莞市科技局的推动下，滨海湾新区与松山湖科学城建立联动发展机制，滨海湾与松山湖双创社区建立合作机制，大大便利了新区对接利用松山湖科学城各类实验室以及新型研发机构，有助于推动优秀科技成果进驻新区及滨海湾双创社区。

强化与广州南沙新区对接合作。滨海湾新区与南沙新区共处珠江口城市群几何中心，区位条件优越、产业基础雄厚、发展空间广阔、生态环境良好，在推进粤港澳大湾区建设、实现高质量发展等方面具有较好的合作基础和较大的合作空间。2017 年，为深化两区合作，广州南沙新区与滨海湾新区签订了《广州南沙新区东莞市滨海湾新区战略合作框架协议》，连续 6 年协商制定两区年度合作要点，不断推进双方在经济社会多个领域交流与合作。

（三）激活产业创新发展新引擎

聚焦强化科技创新的主体力量，滨海湾新区大力推进龙头企业重大创新项目引育，加快补齐大学建设短板，着力引入各类科技创新平台及机构，不断壮大科创队伍，为产业创新发展及培育新质生产力提供了关键动力支撑。

积极打造龙头企业创新项目孵化场。滨海湾新区覆盖东莞市4个经济强镇，拥有长安智能手机、虎门电子信息和商贸、厚街家居会展、沙田临港产业等多个成熟的产业体系。自成立以来，新区积极围绕数字经济、生命健康、新能源等三大新兴产业，充分依托龙头企业带动作用推进创新孵化，努力推动制造业迈向全球价值链中高端。目前，新区已引进OPPO智能制造中心、vivo智慧终端总部、小天才智能科技中心、正中科学园、欧菲光电影像等一批重大项目，其中超40亿元的项目有7个。特别是，龙头企业入驻带动了长安镇智能手机上下游产业蓬勃发展，截至2024年5月，全镇共有智能手机上下游配套企业超过1000家，其中规上高新技术企业超过350家、规上电子信息企业超过160家，带动了华茂、捷荣、龙光等一大批配套企业成长。

超前谋划筹建大湾区大学。早在2018年，东莞市就开始谋划建设一所立足大湾区、服务全国、面向全球的一流大学，以弥补该地区高等教育短板，强化科技创新及产业发展的人才支撑。在东莞市全力支持及推动下，大湾区大学办学方案于2020年7月通过省政府审议，后被纳入教育部、广东省政府《推进粤港澳大湾区高等教育合作发展规划》重点项目。大湾区大学定位为以理工科为主的高水平新型研究型大学，这是第一个由地级市筹建的新型研究型大学，充分彰显了东莞市塑强科创引擎的决心。两大校区之一的松山湖校区已于2024年4月正式启用，而滨海湾校区也已被纳入国家重大建设项目。未来，滨海湾新区将依托大湾区大学的科研和人才带动优势，谋划总面积约4700亩的生命健康产业基地和数字经济（人工智能）产业基地，形成"一园两基地"空间格局，打造大湾区科创成果转化高地。

大力引育各类科创平台及机构。聚焦基础创新能力不足、科技成果转化落地缓慢等问题，滨海湾新区实施了一系列针对性举措，大力推进各类创新平台及机构入驻落地。组织开展了研究院等科技创新平台招引工作，储备社区意向入驻项目50个以上，完成17个项目入驻评审。目前，滨海湾新区已招引入驻东莞市新一代人工智能产业技术研究院，围绕人工智能领域开展产业技术创新、研究与开发、成果转化等工作，打造"机器视觉＋高端装备"产业集聚区。此外，大湾区大学首次获批了基础研究类省重点实验室（广东省动力系统与神经系统交叉研究重点实验室），其将数学与计算机科学、脑科学、生物医学工程等领域交叉融合，搭建脑疾病的辅助诊疗智慧平台，将引领智慧医疗技术发展突破。

（四）厚植新质生产力发展土壤

着眼增强高端创新要素吸引力及充分激发创新主体能动性，滨海湾新区在加大政策支持、推动政策利好叠加等方面不断发力，持续优化科技创新发展生态体系，为新质生产力发展提供了良好的制度条件。

加大创新企业及平台招引政策支持力度。滨海湾新区先后出台了《东莞滨海湾新区鼓励企业利用资本市场扶持办法》《东莞滨海湾新区促进新一代信息技术产业发展扶持办法实施细则》《东莞滨海湾新区促进生物医药产业发展扶持办法》《东莞滨海湾国际开放创新创业社区项目入驻管理及扶持办法》《东莞滨海湾新区促进"专精特新"企业发展扶持办法》等文件，积极推动创新企业引进和创新平台建设。其中，《东莞滨海湾新区促进"专精特新"企业发展扶持办法》重点围绕支持产业园运营主体引进专精特新企业、保障专精特新企业产业用地、支持专精特新企业加大研发投入、给予专精特新企业成长奖励及财政贡献奖励等方面提出若干支持举措。

强化多重政策利好叠加。《粤港澳大湾区发展规划纲要》赋予滨海湾新区粤港澳大湾区特色合作平台的定位，明确支持东莞与香港合作开发建设滨海湾地区，集聚高端制造业企业总部，发展现代服务业，建设战略性新兴产业研发基地。同时，滨海湾新区还被列入广深港澳科技创新走廊核心创新平台和广东省沿海经济带规划的珠三角14个重大区域发展平台，成功获批省级高新技术产业开发区、广东自贸试验区联动发展区。多重政策叠加优势大大提升了滨海湾新区的投资吸引力，其连续两年获评《环球时报》"最具投资价值新区""最具投资吸引力新区"等。

六、华为：以技术突破为发展新质生产力蓄势赋能

随着人类社会加速进入数字时代，以大数据、人工智能、云计算等为标志的新一代信息技术得到广泛应用，实现了传统生产要素和新型生产要素的创造性融合，推动了产业智能化、融合化由量变引发质变，促进了"数智生产力"的全面提升。在新一轮数字化大潮中，华为凭借多年深耕积累的技术优势积极参与其中，为国家加快建设现代化经济体系贡献了力量。

（一）推动大模型赋能产业发展

新质生产力的主导力量是科技创新，人工智能则是数字时代推进科技创新的关键引擎，也是培育新质生产力的重要驱动力量。作为人工智能领域的技术革新，大模型技术在一定程度上对人工智能发展起

着引领作用。中国拥有其他国家所不具备的众多业务场景，也拥有世界上最大的开发者群体，在人工智能领域有机会达到国际领先地位。面对大模型时代新机遇，中国亟须推动大模型和业务场景的深度融合，持续探索更多应用场景和业态模式，夯实国产化算力底座，健全算力平台、数据库等工具链，给予大模型高效、稳定、安全的基础支撑。

华为以"AI for Industries"理念，在全国首推大模型混合云——华为云 Stack，为业界带来了集云服务、开发套件及专业服务等于一体的完整的人工智能工具链，并同众多头部企业联手解决其在研发、生产、加工、消费等各方面、各环节碰到的复杂问题。2022 年，华为和山东能源集团分别基于技术和产业优势，成立联合创新中心，发布了矿山行业首个人工智能大模型——盘古矿山大模型，山东能源集团凭借丰富的应用场景给予大模型训练多样化数据，大模型成果进而赋能煤矿智能化场景，此外山东能源集团还将相关技术内化为云鼎人工智能服务平台，赋能矿山、化工、钢铁、电力等 9 个专业 40 多个场景，助力企业增安、降本、提效[1]。2024 年，华为和鄂尔多斯市创新投资集团联合发布基于人工智能大模型的工业互联网平台，此平台集智算算力、工业大模型、多个预置算法、应用开发环境等于一体，普惠开放给产业链伙伴，化解了"作坊式"开发周期长、门槛高等限制行业人工智能推广运用的难题。根据相关规划，平台预计将在 2024 年连接 68 座智能化矿山，到 2025 年将扩展至 160 座[2]。

（二）释放数据要素叠加倍增效应

加快形成新质生产力，不仅需要推动传统生产要素的质量升级，还需要将以数据为代表的新型生产要素与之创造性融合。数据要素通

---

[1] 《以人工智能高水平场景应用推动能源行业高质量发展》，人民网，2023 年 7 月 18 日。
[2] 《内蒙古首个 AI 大模型工业互联网平台发布》，人民网，2024 年 1 月 20 日。

过与其他生产要素相互作用，并嵌入生产、分配、流通、消费等各个环节，将产生乘数效应，有效催生新质劳动资料、创造新质劳动力，促进新质生产力不断涌现。2023 年 10 月，国家数据局正式挂牌，到2024 年 4 月，31 个省份和新疆生产建设兵团数据局均完成机构组建，加之《关于构建数据基础制度更好发挥数据要素作用的意见》《"数据要素 ×"三年行动计划（2024—2026 年）》等政策文件陆续出台，全国各地在数据确权、数据流动、数据资产等方面作出了有益探索。

华为拥有 18 年的数据治理经验，并在数据空间方面积极开展探索，推动实现了内外部数据跨主体安全交换、高效连接。其以自身实践携手生态伙伴形成的政务数据要素流通方案，为数据安全、可信、高效流通创造了新场景。2023 年，华为和上海数据集团共同打造了城市级数据空间基础设施——"天机·智信"平台，其具有数据采集、汇聚、存储等基础功能，可以实现公共数据、同行业数据、企业数据间的有效整合，提供高质量数据资源，并挖掘释放数据要素价值，提升跨境贸易、普惠金融、医疗健康等应用场景效率，赋能城市全域数字化转型。在"华为云行业高峰论坛 2023"上，华为联合上海数据集团发布了《城市数据空间 CDS 白皮书》，提出了城市数据空间"2+1+1"架构设计，以期带动行业内外就城市数据空间应用形成更多共识①。

（三）以智能化赋能新型工业化

推动传统产业转型升级、推陈出新，使其焕发新的生机活力，是新质生产力之"新"的一个重要体现。加快工业互联网发展，促进传统产业智能化、数字化改造，成为"因业制宜"发展新质生产力的出

---

① 《上海数据集团：激发数据要素潜能，构建城市数据空间新范式》，中国日报中文网，2023年 12 月 6 日。

发点和落脚点。当前，中国工业互联网已融入 49 个国民经济大类，覆盖全部工业大类。全国各地工业互联网一体化进园区"百城千园行"活动方兴未艾，带来了众多企业的相关需求，并要求深化工业智能化应用，实现从单点应用、局部优化到体系融合、生态重构的升级。

华为提出的新型工业互联网平台参考架构，在传统工业互联网的基础上，融合网络、平台、安全、应用等数字化资源，能够提供工业云边协同、智能数采、数据融合、数智协同、应用开发 5 项关键能力，解决工业生产流程中各环节瓶颈问题。长安渝北新工厂采用了基于工业互联网的全新智慧工厂技术框架，构建了"集团 + 工厂"的云边端协同体系，推动长安汽车率先驶入智造"快车道"。华为和广西电网运用工业互联网技术，建立了新一代计量自动化系统，实现全省 2300 万用户用电数据入湖[1]。

（四）助力增强核心系统自主性

加快形成新质生产力，要求推动数字技术革命性突破，这就对构筑自立自强的数字技术创新体系提出了更高要求。开展核心业务系统升级，提升系统自主性、可持续性已成为业界共识，金融业就是其中的典型。银行核心业务系统承载了其存款贷款、支付清算等业务，是名副其实的银行"心脏"。核心业务系统过去更多以主机为基础通过集中式架构建设，在新形势下已难以满足金融科技发展需要，转型升级成为大势所趋，迫切需要跨行业联手，合力攻克技术难题。

华为凭借 30 余年在信息和通信技术领域的积累，基于端到端全栈软硬协同技术与合作伙伴共同制定了主机上云解决方案，聚焦云硬协同新基座、场景方案新基线、实施工艺新标准，针对金融机构提供覆

---

[1]《华为云发布新型工业互联网平台参考架构》，华为官网，2024 年 4 月 19 日。

盖全场景的核心业务系统升级方案，推动核心业务系统加快实现现代化。截至 2024 年 7 月，华为已服务中国 6 家国有银行、8 家股份制商业银行和众多保险、证券机构。全球领先的 IT 市场研究和咨询公司国际数据公司（IDC）的报告显示，华为在中国金融云基础设施市场中排在首位 [①]。

---

① 《六连冠！双第一！华为云持续领跑中国金融云市场》，华为云官网，2024 年 7 月 18 日。

第五章

中部地区

一、湖南长沙：科创引领打造产业湘军

长沙是我国重要的先进制造业基地，20世纪八九十年代就涌现出了中意冰箱、韶峰电视、湘江涂料、丽臣实业等当时响当当的"长沙制造"，20世纪90年代起，以中联重科、三一集团为代表的工程机械公司相继诞生、加快崛起，逐步奠定了长沙"中国工程机械之都"的地位。近年来，长沙坚持以科技创新为引领，以先进制造业为支撑，以发展智能制造为突破口，推动传统产业改造升级和新兴产业发展壮大，加快构建"4433"现代化产业体系，探索出了"喜新不厌旧""抓大不放小""求远不舍近""补链更强链"等新质生产力发展路径，推动长沙跻身全国先进制造业百强市八强，荣登"2022年新型储能十大城市"榜首，长沙工程机械产业集群和长沙新一代自主安全计算系统集群先后入选"国家队"，累计32家企业（产品）入围国家级制造业单项冠军企业，数量居中部城市第一。新时代新征程，长沙正以"舍我其谁"的担当和踔厉奋发的姿态，以先进制造业为基础，沿着高质量发展航道勇毅前行，驶向更加光明的未来。

（一）政策引领主攻"4433"产业矩阵

2023年12月，长沙市委、市政府印发《关于加快建设现代化产业体系的实施意见》，明确了"4433"产业矩阵主攻方向，实施产业布局优化、创新驱动强基、产业增量提升等"九大工程"，建立系统推进、梯度培育、拓展场景等"五项机制"。围绕具体领域、具体项目、具体企业，推动产业综合层级明显提升、产业创新能力持续增强、产业生态不断优化。

提升辨识度，战略性支柱产业"稳中奋进"。为了增强产业创新能力、产业链韧性和产业国际竞争力，打造国家重要先进制造业高地，长沙市制定《长沙市促进工程机械产业发展条例（草案）》，大力推进工程机械行业高端化、智能化、绿色化，通过"抢占风口、熨平周期"，推动工程机械的总体发展水平不断提升。2023年集群规模企业总产值突破2200亿元，连续14年居全国首位，全球工程机械制造商50强中长沙占5席，"长沙制造"挺起大国重器的脊梁。

补链更强链，战略性新兴产业"积极谋进"。2017年，长沙在全国首创产业链链长制，全市的产业链建设工作由此开启大幕——产业链、创新链、人才链、资金链、供应链"五链"融合，持续抓好链长牵总、校长支撑、行长帮扶、盟长搭台、基金董事长赋能"五长联动"，各产业连点成链、聚链成群。2023年，长沙根据产业发展实际，将原有的22条产业链整合为17条，重点攻关核心基础元器件（零部件）、关键基础材料、先进基础工艺、产业技术基础和工业基础软件"工业五基"，共实施产品创新强基项目77个，累计实现新产品销售收入437.07亿元，完成研发投入35.21亿元。

喜新不厌旧，推动传统优势产业"转型求进"。传统产业是发展的重要基础，也是转方式调结构的可靠支撑和现实增长点。长沙将数字化改造、智能化升级作为传统产业转型的重要突破口，出台《长沙市支持国家智能制造先行区创建若干政策（试行）》，支持首台（套）重大技术装备研发，推进智能化技术改造系统解决方案设计。实施《长沙市智能建造项目评价技术导则（试行）》，构建了全国首例以场景为导向的智能建造项目评价标准，BIM 技术、装配式建筑、智慧工地、建筑机器人等一批智能建造示范项目发挥引领作用，加快培育智能建造人才和市场。制定《长沙市生物经济发展三年行动计划（2023—2025 年）》，强化生物技术与数字技术融合发展，推动生物经济融合化、集群化、生态化发展。

前沿技术驱动，未来产业"新篇挺进"。2024 年 2 月，印发《长沙市"产业质效倍增年"建设实施方案》，在全市范围开展"产业质效倍增年，担当善为落实年"活动，推动百亿龙头企业、高新技术企业等重点领域"六个倍增"，实现规上工业增加值、产业项目投资"量比双升"，夯实面向未来产业发展的战略优势。加快推动高性能 GPU、量子测量、超高清视频算法等一批关键核心技术攻关，通过原创性、颠覆性技术的突破和成果转化的加速，培育人工智能、量子信息、基因技术等未来产业，以全球研发中心城市建设助推新质生产力发展。

（二）科技赋能引领培育发展新质生产力

科学技术是第一生产力，创新是引领发展的第一动力。多年来，长沙市坚持创新驱动发展，持续突破关键核心技术，科创能力实现标志性进步。成功创建国家创新型城市、全国创新驱动示范市、国家知识产权强市，打通从科技强到产业强、经济强、城市强的通道。2023 年，长沙全社会研发投入总量超 440 亿元，全社会研发投入强度达到 3.18%，科技型中小企业预计年入库 8400 家，高新技术企业达 7500 家。

建设五大创新承载区域。长沙大力推动湘江科学城、自贸区长沙片区、马栏山文创园、科大金霞基地、大泽湖片区五大创新承载区建设，努力把全球研发中心城市"新蓝图""作战图"变成"实景图"。湘江科学城首开区启动建设，汇聚新一代信息技术规模以上企业 220

余家，7 个实验室进入 22 个省级重点实验室名录，省级以上创新平台 784 家。自贸区长沙片区加快湘琼合作共建产业基地建设，以三一重工、中联重科、湘科集团为代表的企业纷纷入驻，总投资 62 亿元。马栏山文创园加快重大项目建设，中南国家数字出版基地、马栏山动漫影视大厦、创梦大厦、马栏山国际新媒体中心 4 个项目稳步推进。

深入实施关键核心技术攻关。累计承担国家重点研发计划项目 79 项，省"五个 100"科技创新项目、十大技术攻关项目等 175 项，实施市级"揭榜挂帅"项目、科技重大专项 96 项，突破关键核心技术 351 项。成功攻克光电材料超精密加工装备、碳化硅纤维材料、金属基压敏芯片及压力传感器、深海深空用高性能钛合金及部件、海岛 / 岸基大功率供电系统等关键技术，有力保障了产业链供应链的安全。

构建支持全面创新的制度体系。坚持把最优地块留给科研机构，把最好配套留给创新企业，把最美风景留给科技人才。为链接全球研发项目，对在长沙落地的《财富》世界 500 强企业研发中心，按"一事一议"给予最高 10 亿元支持，并按每年研发投入增量部分的 10% 给予最高 1000 万元支持。

（三）多措并举激发企业活力

近年来，长沙按照"企业出题、政府立题、社会答题"的组织模式实施"揭榜挂帅"项目，以产学研形式实施的重大专项占比提升到 60% 以上。企业负责出题、出钱和转化成果，高校院所负责攻关，双方紧密合作、抱团攻坚，联合攻关重大技术难题，实现了技术合同、创新平台、科技项目近 80% 来自企业或在企业布局。

持续强化科技成果应用转化。实施"政府引导 + 需求端、供给端、服务端"协同联动，与长株潭 16 所高校共建"市校（科研院所）创新发展联盟"，联盟高校 2699 项科技成果在长沙转化，孵化企业 110 余家。实施成果转化"先用后付""先投后股"等新举措，建设15所开放共享科技成果转化中试基地，备案44家技术交易服务机构，培育1700余名技术经纪人，为科技成果转化搭桥。2023年签订技术合同2.65万项，成交金额1206.28亿元。

发挥龙头企业引领带动作用。2023年，印发《长沙市关于加快培育独角兽、瞪羚企业的实施方案（试行）》，遴选一批竞争优势突出、创新能力强、未来增长潜力巨大的高成长型企业，实施动态管理、全过程帮扶，三一重卡、中伟新能源、希迪智驾、零食很忙、文和友5家企业登上2024年全球独角兽榜单。

发挥科创平台强链聚链功能。2023年长沙新获批国家级创新平台9家、省级科技创新平台379家，136家创新平台被纳入湖南省高水平国家科技创新平台培育名单，全市各类科技创新平台达2671家。

推动数字经济赋能圈链提质。大力推进"智赋万企"行动，新培育智能制造企业210家，获评2023年国家级智能制造示范工厂揭榜单位6家、国家级智能制造优秀场景24个，14家工厂获评湖南省"5G+工业互联网"示范工厂。长沙人工智能创新中心（首期）200P算力上线运行，累计培育国家级工业互联网双跨平台2个、新一代人工智能开放创新平台34个，新增"上云上平台"企业超4万家。出台《长沙市支持国家中小企业数字化转型城市试点的若干政策》，致力于到2025年，全面推进4个细分行业500余家试点企业的数字化转型，推进重点行业中小企业数字化改造，强化中小企业数字化转型服务能力。

财金互动赋能重点圈链发展。长沙靶向开展投融资路演、银企对接、融资沙龙等活动。深入推行小微企业信贷风险补偿基金，2023年共支持8家合作银行累计向13579家中小微企业发放信用类贷款33078

笔，放款金额 338.96 亿元。其中，向 500 家长沙市专精特新中小企业和专精特新"小巨人"企业累计投放超 36 亿元信用贷款。实施《长沙市生产性服务业高质量发展三年行动计划（2023—2025 年）》，2023 年，规上企业营利性服务业营收增速回升至 5.7%，科技服务业营收增长 12%，长沙银行成为中部地区首家资产万亿级的 A 股上市银行。

增强人才供给支撑全链升级。出台《长沙市全力建设全球研发中心城市人才政策十条（试行）》，精准聚焦研发机构及人才，全年评定 5 批"两大重点人才工程"共 1042 人，新认定海外科技创新创业团队 7 个；科技领军人才新增 22 人，累计 265 人；杰青累计 146 名；农业科技特派员新增 110 人，累计 447 人。2023 届普通高校毕业生在国家战略性新兴产业的就业比例为 47.71%，主要就业于现代服务业、新一代信息技术产业、生物产业等。

二、江西南昌：筑牢产业之基，开启新质之门

南昌创新活跃度高，制造业基础较好，近年来坚持创新驱动，以先进制造业为支撑，不断延链补链强链，推动数字技术与传统产业的深度融合，着力构建具有南昌特色的现代化产业体系，新质生产力正在南昌这片红土地上加速形成。

（一）加快制造业升级，提升产业发展能级

南昌坚持把发展经济的着力点放在实体经济上，主动融入新一轮科技革命和产业变革，坚定制造业立市不动摇，深入实施产业链现代化建设"8810"行动计划，着力构建以先进制造业为支撑的现代化产业体系。当前南昌市已经形成了电子信息、汽车、装备、医药健康等 4 个千亿产业链。

1.坚持"强龙头"，培育一批优质龙头企业

始终坚持"内育、外引"的"龙头战略"，依托南昌现有产业集群培育一批龙头企业，抢抓产业发展机遇，聚焦引进一批强链补链企业，形成了"世界单打冠军""千亿企业""全国领先企业"的各梯次龙头企业。电子信息产业链方面，本土龙头企业江铃集团迈入千亿行列，超百亿企业达到5家，超十亿企业达到37家。兆驰半导体LED芯片产销量全球第一，晶能光电硅衬底黄光LED电光转换功率实现"全球领跑"，欧菲光生产的摄像头模组全球出货量第一。航空产业链方面，拥有超百亿企业1家——江西洪都航空工业集团有限责任公司，聚齐了中航工业、中国商飞、中航发三大航空央企机构（全国唯一）。汽车及零部件产业链方面，聚集了江铃汽车、方大特钢等4家中国制造业500强企业，麦格纳、佛瑞亚、华翔电子等5家全球汽车零部件百强企业，以及凌云工业、经纬恒润等4家中国汽车零部件百强企业。新能源产业链方面，引进了欣旺达、赣锋锂业等一批龙头企业。医药健康产业链方面，拥有营收超100亿元的总部企业2家、超20亿元的生产企业1家，超10亿元的生产企业2家，以及国药控股、汇仁医药两家营收分别超100亿元、50亿元的药品流通企业。

2.坚持"建链条"，打造一批重点产业链条

一是全链条高位推动。围绕"4+4+X"产业体系，创新实施产业链"链长"制，由市长担任总"链长"，其他市级领导担任各重点产业链"链长"，打造了移动智能终端、LED、现代针纺、传统汽车、新能源汽车及动力电池、航空装备制造等标志性产业链。二是全方位精准规划。持续完善重点产业链"四图""五清单"，加快建立全方位、立体式产业链全景图，为重点产业链招商、大项目引进、优强企业培育提供精准指引。三是全过程融合对接。通过举办世界VR大会、中

国航空产业大会暨南昌飞行大会等会展活动，搭建"政府＋重点企业＋X"等产销对接、产融对接三方联动平台，引进了一大批具有示范性、支撑性的重大产业项目。2023年，全市电子信息产业实现营业收入2174.7亿元。

3. 坚持"链群配"，构建一批特色产业集群

积极融入全省产业链分工体系，培育优势产业集群。一是全链条发展成熟型产业集群。针对电子信息、汽车等产业基础好、市场相对成熟的新兴产业，以"链主"企业为核心完善产业链关键环节布局，形成产业链优势互补发展格局。二是精深化发展优势型产业集群。针对产业集聚效应初显、处于成长阶段的文化创意、汽车及装备等产业集群，以精深化发展为主攻方向，突出产业品类优势，推进重点领域场景应用落地，推动产业集群特色发展。三是扶植式发展战略性产业集群。针对基础支撑作用大、成效显现周期长的新能源、创新药、高性能材料等产业集群，立足长远，通过政策等多途径发力为产业集群增势赋能。截至2024年上半年，电子信息领域，拥有省级产业集群4个，包括南昌高新区光电及通信产业集群、南昌经开区光电产业集群、中国（南昌）虚拟现实VR产业基地、小蓝VR产业基地；航空领域，拥有1个省级特色产业集群——航空制造产业集群；汽车领域，已形成南昌县汽车及零部件产业、经开区新能源汽车及汽车零部件产业、新建区汽车及零部件产业、高新区智能装备制造产业等4个省级产业集群；纺织服装领域，拥有1个省级产业集群——青山湖区针织服装产业集群。

（二）实施创新驱动，加快赢得发展主动

南昌市围绕产业链部署创新链，以完善创新体系布局、提升创新平台能级、集聚创新人才队伍、提升企业创新能力、突破重大科研成

果等为目标，推动创新资源加速"裂变"，全力打造区域性科创中心，让科技创新引领现代化产业体系建设。

1. 聚力优化科技战略布局

一是建强鄱阳湖国家自主创新示范区。聚焦电子信息、航空制造、医药健康等战略性主导产业，深入实施创新驱动发展战略，引领产业发展转型升级。南昌高新区在全国国家级高新区综合排名中连续 8 年进位赶超，2023 年已位列第 22 名。2023 年，南昌高新区规上工业企业营业收入达到 3300 亿元，占全市比重超过 50%，撑起了全市工业的"半壁江山"。二是打造南昌瑶湖科学岛创新策源区。围绕打造中部地区科技创新高地的定位高标准启动瑶湖科学岛规划建设，落户了一批大院大所、企业总部、研发中心、知识产权服务机构。目前，由南昌大学国家硅基 LED 工程技术研究中心创建的全省首个省实验室落户科学岛并已启动建设，预计 2025 年将投入使用。三是布局未来科学城，抢占未来产业新赛道。创新实施"区政合一""管委会 + 公司"运行体制机制，有效推动南昌未来科学城建设。通过与南昌大学、浙江大学、舜宇光学等高校院所及龙头企业合作，加快布局"前沿研究 + 技术溢出 + 科技创业"的未来产业孵化链条。未来科学城内已经落户了国家虚拟现实创新中心、中国电信元宇宙创新中心、江西省人工智能计算中心等一大批项目。

2. 着力提升科技创新能力

一是全面提升创新平台能级。建成全国虚拟现实领域唯一的国家级虚拟现实创新中心，建成国内食品科学领域第一个国家重点实验室——食品科学与技术国家重点实验室，建成中医药领域为数不多的经典名方现代中医药创制全国重点实验室，落地了江西省首家省实验室——复合半导体江西省实验室。推动了全市年营收 3 亿元以上工业企业研发机构实现"应建尽建"全覆盖。累计建成国家级企业技术中心 10 家、省级企业技术中心 179 家、市级企业技术中心 199 家。二是培优壮大科技企业队伍。坚持强化企业科技创新主体地位，构建"科技型中小企业—高新技术企业—高成长性科技型企业—科技领军企业"梯次培育机制，实现了科技型企业培育"量质"双提升。2023 年新增省级创新型中小企业 656 家、专精特新企业 310 家、专精特新"小巨人"企业 13 家。三是加速集聚科技创新人才。先后出台了"人才新政 22 条"、南昌"人才 10 条"等政策。2023 年通过实施南昌市高层次科技人才"双百计划"项目引育高层次科技创新人才 16 名、创新团队 38 个，推荐 4 人入选国家级人才计划。常态化开展"每年吸引 10 万名大学生和技能人才来昌留昌创业就业"工作，仅 2023 年 9 月至 2024 年 6 月底，已吸引 10.86 万名青年人才来昌就业。

3. 全力推动科技成果转化

一是开展重大科技攻关研发。逐年征集省级、市级科技重大项目，围绕企业重大技术需求，发布"揭榜挂帅"技术榜单，攻克了一批半导体照明、虚拟现实、汽车和新能源汽车及关键部件等领域关键核心技术难题。全市 46 个新产品获年度"省优秀新产品"称号，3 项产品上榜省级首版次软件产品名单，13 个产品获评江西省首台（套）重大技术装备。二是提升科技成果供给质量。深入驻昌重点高校、新型研发机构征集可供转化的科技成果 702 项。举办驻昌高校院所科技成果对接会，促进 44 项科技成果在南昌转化落地。对接江苏、广东等地高校院所、科技企业，挖掘高质量的科技成果 102 项。带领南昌企业深入粤港澳大湾区及长三角地区等科技先进地区交流对接，实现优质成果在昌转化落地 25 项。积极对接国家、省战略科技力量，引进高端创新资源，推动 3 项科技成果在昌落地转化。三是增强技术转移服务能力。以南昌科技广场为依托，启动建设南昌市科技成果转移转化中心。江西省网上常设技术交易市场挂牌落户南昌科技广场，汇集各类转移服务机构 165 家，为技术交易各方提供多元化专业化服务。推动驻昌高校建成 9 家成果转化中心，拥有江西省科学院、南昌大学技术转移中心、南昌市科技成果转化协会等 3 家成果评价服务机构，江西省科学院技术转移中心等 10 家技术转移服务机构。

（三）坚持数字赋能，激活产业发展动能

南昌市积极抢抓机遇、勇争一流，坚持数字化赋能理念，率先出台了中部地区首部数字经济法规——《南昌市数字经济促进条例》，加快推动数字产业化和产业数字化，产业发展动能更加强劲。

1. 聚焦数字产业化，强质效扩规模

一是以大格局规划，优化产业布局。坚持系统谋划、专班推进，出台了《关于深入推进数字经济"一号发展工程"全力打造全省创新引领区行动方案》，明确了数字经济发展的总体目标定位和规划布局。依托各县区产业基础优势，差异化布局数字经济主攻赛道，基本形成了以红谷滩区为核心区，以南昌高新区、南昌经开区、小蓝经开区 3 个国家级开发区为数字经济产业发展基地的"一核三基地多点支撑"的协调发展空间格局。结合不同区域的产业集聚程度，打造了 9 个省级数字经济集聚区，2024 年上半年总规模超 120 亿元。二是加强产业支撑，深耕主攻赛道。聚焦移动智能终端、LED、虚拟现实等 8 条数字经济产业主攻赛道精准发力，完善产业链图谱，不断扩大数字经济核心产业规模。2023 年全市规模以上数字经济核心产业实现营业收入 2288.9 亿元，核心产业增加值 636.27 亿元，占GDP 比重达到 8.8%。

2.聚焦产业数字化，加快数实融合

一是锚定制造业领域，塑造智能制造新优势。先后出台了《南昌市制造业数字化转型实施方案（2024—2025年）》《南昌市中小企业数字化转型城市试点工作方案》等文件，着力推动汽车及汽车零部件制造、生物医药制造等5个重点制造业行业数字化改造。江铃新能源、华兴针织等近20个"5G+智慧工厂"项目全面建成，国泰工业互联网平台获评全省首个国家级跨行业跨区域工业互联网平台。江铃汽车股份有限公司等3家企业获评国家级智能制造示范工厂，欣旺达等4家企业获评国家级智能制造优秀场景。二是聚焦服务领域，构建数字化服务新场景。2023年以来，全市开展"网上年货节""双品网购节"等各类线上促销活动百余场，举办云上文旅推介会，推出"小平小道虚拟展览"，其中"滕王阁江右文化数字体验馆"成功入选2023年全国文化和旅游数字化创新实践优秀案例，南昌VR主题园智慧旅游沉浸式体验新空间项目成功获评2023年文化和旅游部全国首批智慧旅游沉浸式体验新空间。三是紧盯农业领域，发展智慧农业新模式。不断加强5G、大数据等新一代信息技术在农业领域的应用，支持新型农业经营主体建设智慧农（牧、渔）场，实现农业生产、管理、经营等各环节作业精准化、数字化和智能化，打造各具特色的智慧农业示范样板，全市已创建省级农业物联网示范基地42家。

三、山西太原：做好"三篇文章"推动老工业城市焕新颜

太原是新中国重点建设的工业基地城市，传统产业历史悠久、基础深厚，拥有煤炭、焦化、冶金三大支柱产业，在高端装备、电子信

息等领域也具备一定竞争优势，但长期以来轻工业和重工业结构失衡，战略性新兴产业体量偏小，现代服务业发展相对滞后，在产业规模、科技创新方面与周边省会相比优势不突出。近年来，太原坚持"工业立市、制造强市"不动摇，统筹推进传统产业改造升级和新兴产业培育壮大，促进先进制造业和现代服务业深度融合，推动产业链拓展延伸、创新链精准适配、供应链安全可靠、价值链高端跃升，努力闯出一条老工业城市产业振兴发展、跨越式发展新路子。

（一）做好"传统产业改造提升"大文章

聚焦煤炭、冶金、焦化三大传统优势产业，突出智能化、绿色化方向，稳定规模、优化结构、提高效益，推动产业转型升级持续深化拓展，不断提高传统产业的"含新量、含绿量、含金量"，促进资源优势真正转化为竞争优势和发展优势，为保障国家基础投入品安全贡献太原力量。

1. 推进煤炭行业清洁高效利用

太原把煤炭清洁高效利用贯穿到生产、加工、利用和转化全过程、全领域，推动以煤为基的高效、清洁、可持续发展。推动清徐精细化工循环产业园向"以化领焦"转变，加快三强新能源科技有限公司炭黑原料、亚鑫新能科技有限公司减碳新材料及能源循环综合利用建设。促进煤炭绿色开采，实施采选充一体化，推动煤矸石返井充填开采。推进煤炭清洁利用，鼓励煤电联营，加快山西电力外送通道建设，为京津冀地区提供重要能源保障。加强工业固体废物高值高效资源化利用。

2. 推动冶金产业转型升级

太原打造世界领先、国内一流的千亿级钢铁产业链，依托太钢国家重点实验室和国家企业技术中心，推进高端特殊钢的品种开发与标准建立，着眼高铁、航空、军工、石油、化工等领域需求加快发展高强高韧和特种专用钢材，扩大深加工规模，有序发展短流程电炉炼钢，促进产业集群集聚式发展。建设百亿级镁合金加工制造产业，重点发展新型轻量化镁合金产品，拓展汽车、轨道交通等领域应用。提升钕铁硼行业创新能力和水平，发展永磁材料、低稀土含量永磁材料、各向异性粘结永磁材料。太原惠科20万吨电子铜箔一期项目投产，广泛应用于储能应用、新能源汽车等领域。

3. 促进焦化产业提质增效

太原以产业转型升级和资源高效利用为主线，以创新为发展动能，构建具有市场竞争力的焦化产业体系。建设世界一流的千万吨级煤化工产业基地，依托美锦、梗阳、亚鑫等企业，以清徐精细化工循环产业园为载体，打造以绿色焦化为基础的"绿色焦化—精细化工—化工新材料—碳基新材料—终端产品延伸应用"链式循环产业集群，打通下游深加工环节，构建"以化领焦"产业新模式。

（二）做好"新兴产业培育壮大"大文章

立足老工业城市产业基础和创新人才优势，培育壮大新一代信息技术、新材料、高端装备、新能源等战略性新兴产业，快速补链、深度延链、持续强链，突破产业基础能力薄弱环节和"卡脖子"关键技术，提升产业链现代化水平，鼓励企业向"专、精、特、新"发展，引导形成优势产业集群，开辟发展新领域新赛道，不断塑造发展新动能新优势。

1. 打造新一代信息技术全产业链

聚焦信创、半导体、电子产品研发制造等领域，依托中电科、烁科晶体、龙芯中科等龙头企业，聚焦上下游配套、技术研发等薄弱环节，打造从软硬件到系统集成一体化的全产业链。创建国家级信创产业基地，围绕网络安全和操作系统等领域，打造国内重要的半导体产业发展高地，打造信息安全产业集群。围绕"材料—装备—芯片—封装—应用"路径，完善半导体行业生态系统，突破核心芯片关键技术。

2. 抢占新材料前沿领域和高端环节

瞄准"建设全国材料加工之都"目标，以高端和前沿为努力方向，在先进金属材料、碳基新材料、生物基新材料等领域持续发力，实现由单一"材料生产"向综合"加工材料"转变。推动山西太钢不锈钢股份有限公司跻身全球金属行业领跑团队，重点依托太钢集团等企业，布局"原材料—研发创新—精深加工—高端制品"现代化产业链。建设全国首个合成生物规模化产业基地，依托凯赛公司全球领先技术优势，围绕"农产品及精细煤化工资源—单体材料生产—高分子聚合物制造—生物基纺丝材料加工"产业发展路径，补齐下游产业配套短板。

3. 提升高端装备制造整体竞争力

立足特色与比较优势，做优做强成套设备，推进产业高端化、智能化、绿色化发展，围绕"原材料生产研发—关键核心部件—系统总成—成套产品"路径，着力提升轨道交通装备、智能煤机、新能源汽车、通用航空等行业整体竞争力。建设全国重要的轨道交通装备基地，围绕高速列车、城轨车辆、电力机车三大领域，构建"轮轴—高速轮对—电传动系统—整车"产业链。打造国内领先的高端煤机装备产业基地，依托中国煤科、太重煤机、山西煤机等龙头企业，突破煤机关键零部件、数字化系统等关键技术。打造新能源汽车产业集群，布局整车设计、动力总成、高储能电池等关键共性技术。

4. 布局发展新能源产业

以打造能源革命排头兵为目标，积极布局光伏、风电、氢能、储能产业，更好发挥新能源在能源保供增供方面的作用，助力扎实做好碳达峰、碳中和工作。大力发展光伏产业，鼓励利用闲置的荒山荒坡、未利用地和存量建设用地发展太阳能光伏发电项目，推进采煤沉陷区光伏基地建设，围绕"工业硅—多晶硅—拉棒—硅片—电池—组件—电站"路径，重点突破光伏产业中下游电池组件等短板，打造千亿级光伏全产业链集群。积极发展"氢能＋"产业，建设集制、储、运、用于一体的氢能产业园，促进氢源由"灰氢"向"蓝氢"转变，有序推进氢能在交通领域示范应用，拓展其在储能、分布式发电、工业等领域应用，加快探索形成有效的氢能产业发展商业化路径。推动储能规模化发展，充分挖掘常规电源储能潜力，合理布局电网侧新型储能，引导用户侧储能灵活发展，在产业园区谋划一批源网荷储一体化项目。推进太原（古交）抽水蓄能电站等建设。全力推动风电装备制造产业链式集群发展，打造全产业链风电装备制造产业集群。

（三）做好"数字经济与实体经济融合"大文章

把握数字化发展新机遇，发挥太原应用场景丰富、资源要素聚集、市场需求活跃等独特优势，聚焦数字产业化、产业数字化、数据价值化、治理数字化，推动关键技术实现创新突破，促进数字技术和实体经济深度融合，全力推动数字经济等新赛道壮大成势，为经济发展插上"数字翅膀"、注入"数字动能"，打造区域数字发展高地。

1. 推进数字产业化，推动产业能级新飞跃

完善具有全国比较优势的半导体特色产业链，建设高水平电子信息装备产业集群，着力打造大数据融合创新产业，发展网络安全产业，推动软件产业做大做强。加快培育新业态新模式，推动平台经济质效提升，拓展数字内容衍生产品的生产与增值服务，发展数字创意产业。

2. 推进产业数字化，激发数实融合新动力

纵深推进制造业数字化转型，推动钢铁、装备制造、新材料等特色优势产业全方位、全链条数字化转型。推进智能制造，完善工业互联网平台体系，建设数字化车间、智能工厂、未来工厂等。深入实施能源数字化引领工程，总结智能矿山建设模式，深化数字技术在分布式发电、多元化储能等方面的应用。深入推进服务业数字化赋能工程，加快发展智慧物流、智慧文旅、高端商务、数字金融，培育壮大本土电商企业。

3. 推进数据价值化，实现要素配置新突破

培育数据要素流通和交易市场，加强数据资源全生命周期管理，释放数据生产力。探索推进数据要素配置流通，发展数据生成、采集、存储、加工、分析、服务、安全等关键环节数据产品和服务。促进工业数据"高价值"转化，鼓励企业开放搜索、电商、社交等数据资源，探索推进文化旅游、教育、医疗、养老等领域数据服务创新。

4. 推进治理数字化，引领服务效能新变革

建设城市"智慧大脑"，提升公共服务和政务服务数字化水平。围绕"优政、惠民、利企、兴业"，推动打造一批新型智慧城市示范场景。持续提高"互联网＋政务服务"效能，驱动管理服务流程再造，推行"一网统管"和"一网通办"，提高民生服务能力。

四、河南信阳：以"红""绿"资源转化增强老区振兴动能

信阳位于鄂豫皖三省交界处，处于大别山革命老区核心区域，这里将星闪耀、红色文化璀璨，被誉为"红军的摇篮""将军的故乡"，这里天蓝地绿、环境优美、生态资源丰富，是淮河中上游、中部地区

和长三角地区的重要生态安全屏障。同时，这里也是传统行政区经济的一个边缘地带。近年来，信阳持续放大绿色资源和红色文化优势，积极融入长三角和周边地区发展，推动产业向"高"攀升、向"新"出发，培育了一批代表信阳新质生产力发展的优秀企业，形成了革命老区发展新质生产力的典型实践，总结其实践经验对于省际交界地区、革命老区、欠发达地区、生态地区因地制宜发展新质生产力、培育高质量发展内生动力具有重要意义。

（一）厚植生态优势，培育绿色发展新动能

生态是信阳最大的优势，绿色是信阳最亮的底色。作为首批全国碳达峰试点城市、国家生态文明建设示范区、全国首批气候投融资试点城市，信阳不断探索经济社会全面绿色低碳转型新路径，推动绿色家居、绿色食品、绿色能源、绿色建造等绿色生产力加快崛起。

一是化"风"成"电"蓄新能。信阳是河南省风能资源最为富集的区域之一，具有发展风电产业集群的广阔空间。近年来，信阳依托明阳集团等新能源龙头企业，穿"珠"成链，聚链成群，布局风光电、氢能、储能等"产—储—用"创新链条，在豫东南高新区落地建设明阳绿色能源装备制造产业园和电氢醇固始示范项目，打造零碳示范产业园区①，建成全国建筑面积和单机容量最大的陆上风电装备制造基地。打造覆盖"风、光、储、氢"的矩阵式智慧化新能源产业体系，打造千亿级新能源高端装备产业集群，让新能源产业在老区大力发展新质生产力上焕发更多蓬勃生机。

二是居处无醛引新潮。含有人造板的家具一直是室内空气甲醛超标的重要原因，为人所诟病。近年来，信阳以未来人居科技产业为主

---

① 《大力推进现代化产业体系建设　加快发展新质生产力》，《信阳日报》2024年3月18日。

线，全面布局绿色建材、绿色建造、绿色家装、智能家居 4 个产业链条，依托万华无醛板业等头部企业为绿色工业化定制创造应用场景，加快家居行业绿色低碳、数字智能转型，持续提升产业竞争力，走出了一条以秸秆、果蔬枝丫材等农林剩余物为原料的无甲醛添加的人造板生产新路，实现了由传统建材向绿色建材转型升级。信阳市现有各类家居企业 482 家，从业人员 2 万余人，先后与 10 多家高校和科研机构建立产学研合作机制，累计建成省级研发平台 24 家、高新技术企业 43 家。

三是食尚信阳树新标。信阳是革命老区，也是农业大市。近年来，信阳围绕发展粮食、畜禽、果蔬、植物油、水产、休闲食品和酒类七大主导产业，推动品种优质化、种养规模化、生产标准化、发展绿色化、经营产业化、营销品牌化"六化"发展[①]，促进农副产品加工业向绿色食品产业转变，形成了以黄国粮业、豫申粮油为代表的稻米全产业链条，以息县宏升粮油、淮滨县富贵粮油为代表的弱筋小麦全产业链条，以文新、蓝天、仰天雪绿为代表的茶叶全产业链条，以光山联兴、新县绿达为代表的茶油全产业链条，以华英鸭为代表的鸭类畜禽全产业链条，以农都农业为代表的小龙虾全产业链条，以南湾渔业公司为代表的水库鱼全产业链条，加之信阳菜数智产业园、绿色食品生产基地、智慧物流园等平台建设，千亿级绿色食品产业集群加快形成，中餐美食地标城市加快确立。

（二）盘活红色富矿，赋能革命圣地别样"红"

信阳是鄂豫皖交界地区区域性中心城市和豫南地区综合交通枢纽，也是大别山革命老区的核心城市，是全国 20 个革命老区重点城市之

---

① 《沃野田畴织锦绣》，《信阳日报》2023 年 12 月 23 日。

一。这里铸就了以"坚守信念、胸怀全局、团结奋进、勇当前锋"为内涵的大别山精神，全市 10 个县区全部被纳入全国第一批、第二批革命文物保护利用片区名单，现遗存革命纪念地和革命历史遗址达 1006 处 [1]。近年来，信阳市着力赓续红色文化、传承红色基因，深入实施文旅文创融合战略，发展"红色旅游 +"产业，探索了革命老区依托红色文化资源发展新质生产力的振兴发展路径。

一是"红色旅游 + 研学培训"。充分发挥大别山红色资源富集优势，促进红色研学教育培训发展，创立大别山干部学院和何家冲学院等红色教育培训载体，将主要红色景区纳入大别山干部学院现场教学点。截至 2023 年底，仅大别山干部学院就已累计承接省内外各级各类培训班 6000 余期，培训学员 35 万多人次。

二是"红色旅游 + 体育运动"。立足优良生态环境和山地资源，推动红色景区与山地体育运动融合发展，打造集红色旅游、休闲运动、健康养生等于一体的体育休闲旅游线路，举办全国登山健身步道联赛等国家、国际级体育赛事，炒热了体育旅游。

三是"红色旅游 + 文化创意"。聚焦交旅文创出彩，构建文旅文创产业链。推动信阳文创"文"风而动，"创"南走北。以茶旅融合为着力点，力促创意驱动，推动茶文化再造，破点连线串链，形成集茶创意研发、加工制造、销售流通、市场服务等为一体的文创链。2022 年，举办"信阳毛尖文创大赛周"，吸引 50 多位设计师和文创人参加，征集茶文创作品 800 多件，涵盖茶包装、茶插画、茶广告、茶衍生品四大类，信阳茶文创正蓄势待发。推动创造性转化，创新非遗衍生品，孵化出许煦剪纸、丽薇叶雕、李娟石画、一涵明港刺绣、小曹木艺、

---

① 《河南：红绿融合走好共富路》，《中国文化报》2024 年 3 月 1 日。

泥人涂泥塑、鹦鹉姐偶人、李斌石雕、西林木雕、蔡涛木旋、卫东玉雕等近 100 个文创品牌。

四是"红色旅游＋民宿"。信阳深入挖掘大别山北麓区域历史文化、民俗文化、红色文化等文化资源和生态资源，有效保护利用古镇古村古景，打造"大别原乡·旅居信阳"民宿品牌和一批特色主题民宿，建设浉河金牛山大别山民宿文化村、信阳文新茶村、新县田铺大湾、西河古村落等文化产业基地和文化旅游点①，积极打造河南省最大的主题民宿产业集群。

五是"红色旅游＋新潮"。信阳将红色旅游和青年城市建设结合起来，以"友好之城"待"有为青年"，着力建设青年友好型城市，为加快建设"两个更好"示范区、美好生活目的地汇聚青春力量，增添强劲动能。作为全国唯一建在城市中心的露营基地，信阳青年营地的文旅活动、露营烧烤、露天电影、现场演出等多元业态深受青年群体喜爱。户外滑板嘉年华、户外装备展销会、户外房车露营嘉年华、"Yes！青年"文创市集、"美好之夜"无人机灯光秀表演等 30 余项"潮"活动成为信阳文创爆款②。

（三）信商信才回归，引来老区"金凤凰"

人才是发展新质生产力的第一资源，高新技术企业是发展新质生产力的主力军。改革开放以来，广大信商敢为人先、走南闯北，60 多万在外信阳人成为企业法人，全国 142 家河南商会中有近 40% 的会长或执行会长由信阳籍人士担任，这是信阳加快发展新质生产力、推动老区高质量振兴的重要资源。近年来，信阳市不断优化营商环境，大力实施信商信才回归工程，一大批信商不忘家乡、反哺家乡，15 万余

---

① 《河南：红绿融合走好共富路》，《中国文化报》2024 年 3 月 1 日。
② 《愿得茶香飘四海 不负青山不负人》，《信阳日报》2023 年 5 月 4 日。

人先后返乡创业，创办超过 10 万个经营主体，带动 100 多万人就业，直接投资或引荐促成了全市 80% 以上的招商项目，带动了信阳老区新质生产力的快速发展。

北纳创联生物科技有限公司董事长是土生土长的信阳人，曾长期在北京工作创业，2016 年接到家乡商城招商邀请回乡投资，成立北纳创联生物科技。如今，北纳创联生物科技已成长为河南省高新技术企业和专精特新中小企业，获批河南省唯一的工业微生物菌种工程技术研究中心，保藏各类工业微生物菌种 3600 种 5.3 万余株，构建了多项微生物鉴定技术体系和菌种性能评价技术平台[①]，该公司 120 人的技术团队中，90% 以上是本地人学成归来。

无独有偶，2021 年落户商城的河南微米光学科技有限公司，也是人才回流的结晶。该公司主要从事氟化钙晶体、锗单晶及精密元器件的生产加工，这些是国防工业的重要战略物质，在航空航天、军工、船舶、医疗器械、核领域广泛应用，是国家级科技中小型企业、高新技术企业。为发展壮大光电产业，同时深度挖掘拉长产业链条，商城县围绕微米光学上下游产业链，以河南微米光学科技有限公司为中介，通过以商招商等方式引进了本港科技、毅达电子、匠人光电设备制造、光学镀膜、驭波科技、本钻金刚石等一批光电企业项目入驻，一个全产业链光学晶体生产基地正快速崛起于大别山革命老区。特别是驭波科技，其光学晶体材料与器件的综合技术水平达到国际先进、国内领先水平，70% 以上产品出口至欧美、日本等 60 多个国家和地区，广泛应用于深紫外光刻机物镜系统、航空航天、红外侦测等军工或民用领域，成为商城新质生产力的典型代表。

---

① 《"豫才回归"打造生物科技"领头羊"》，《河南日报》2023 年 8 月 18 日。

五、湖北武汉长江新区：聚焦"四新三城"建设，发展新质生产力

长江新区是湖北省人民政府批复成立的新区，范围涵盖武汉市江岸、黄陂、新洲3个行政区的9个街道（办事处），紧邻武汉市中心城区东北方向，北靠大别山脉，南邻长江主干道。区位交通优越，位于沿江通道、京九通道、京广通道等国家综合立体交通走廊的战略交会点，是武汉空港、陆港、河港的连接地带，周边分布有两个机场（天河国际机场、鄂州花湖机场）、3个高铁站（武汉站、汉口站、长江新区站），交通物流条件便利。长江新区城镇建设用地约80平方公里，规划建设用地尚有39平方公里待开发，未来发展空间较大，是加快发展新质生产力的重要空间载体。长江新区拥有长江中上游最大的集装箱枢纽港阳逻港，与毗邻的鄂州花湖机场、武汉天河机场等重要的交通枢纽形成铁水陆空协同联动的发展格局，能够为湖北加快发展新质生产力提供重要支撑。

长江新区犹如长江经济带上的"雄安新区"，是"百年大计，湖北大事"，正通过因地制宜发展新质生产力，努力把长江新区建设成为长江经济带高质量发展的新标杆、中部地区绿色崛起的新引擎、国内国际双循环战略链接的新枢纽、国家中心城市建设的新支撑，努力打造成为承载全球创新成果转化应用的未来之城、长江经济带绿色发展先行示范的大美之城、现代城市建设治理的典范之城。

（一）围绕"四新"定位发展新质生产力

"四新"即深入践行长江经济带高质量发展的战略部署，更好支撑中部地区加快崛起，主动服务和融入构建新发展格局，为武汉国家中

心城市多中心组团式发展拓展新空间、汇聚新动能，在主动担当开拓创新上打造新亮点，在踔厉奋发接续奋斗上展现新作为，努力成为长江经济带高质量发展的新标杆、中部地区绿色崛起的新引擎、国内国际双循环战略链接的新枢纽、国家中心城市建设的新支撑。"四新"定位摆脱了传统的生产力发展路径，具有高科技、高效能、高质量的特征，按照"四新"的定位发展，将会促进长江新区生产力水平实现质的跃升，加快形成新质生产力。

1. 长江经济带高质量发展的新标杆

2023 年，习近平主持召开进一步推动长江经济带高质量发展座谈会时强调，进一步推动长江经济带高质量发展，更好支撑和服务中国式现代化[①]。《"十四五"长江经济带发展实施方案》紧紧围绕"五新三主"战略部署要求，提出了生态环保、绿色低碳、创新驱动、综合交通、区域协调、对外开放、长江文化 7 个方面的重大任务，架起了支撑全面推动长江经济带生态保护和高质量发展的"四梁八柱"。新质生产力是实现高质量发展的重要着力点，长江新区立足承担国家战略使命、彰显长江特色，推动生态优先、绿色发展，科技引领、创新发展，依江依港、开放发展，区域协同、协调发展，品质取胜、共享发展，紧紧围绕高质量发展这一首要任务，努力成为长江经济带绿色低碳高质量发展的新标杆。

2. 中部地区绿色崛起的新引擎

新质生产力本身就是绿色生产力，长江新区位于中部地区的中部，是促进中部地区绿色崛起的新引擎。长江新区要深入践行习近平生态文明思想，牢固树立绿水青山就是金山银山理念，将绿色发展作为加

---

① 《习近平主持召开进一步推动长江经济带高质量发展座谈会强调 进一步推动长江经济带高质量发展 更好支撑和服务中国式现代化》，《人民日报》2023 年 10 月 13 日。

快中部地区崛起的普遍形态，将碳达峰碳中和纳入生态文明建设整体布局，推进山水林田湖草沙系统治理、综合治理、源头治理，推动经济社会发展全面绿色转型，加快形成绿色生产生活方式，为建设绿色发展的美丽中部贡献力量。充分发挥长江新区在中部地区的区位优势，充分利用好相对完善的基础设施和广阔的发展空间优势，积极承接先进制造业转移，在优化存量的基础上加快做大做优增量，夯实长江新区发展的实体经济基础。

3.国内国际双循环战略链接的新枢纽

位于武汉的长江新区在服务和融入新发展格局中起着战略引领带动作用。长江经济带主动脉的陆港、空港、水港、信息港在这里汇集，是承接上游带动下游的核心枢纽，在生产、分配、流通、消费各环节都发挥着十分重要的作用，并且是联动我国东西部、协调我国南北方的核心枢纽。长江新区按照湖北省的要求，打好以高端制造业为主的实体经济、科技创新成果产业化和对外开放这三张牌，因地制宜发展新质生产力，服务科技自立自强，推动产业链供应链优化升级，促进内外循环双向互促，努力成为国内国际双循环战略链接的新枢纽。

4.国家中心城市建设的新支撑

国家中心城市都是辐射带动周边地区高质量发展的核心，是发展新质生产力的主要空间载体。武汉作为国家中心城市，目前正处在规模不断拓展和质量不断提升的关键时期，长江新区是未来重要的战略支撑力量，是发展新质生产力的最大增量所在。要将长江新区培育发展成为武汉国家中心城市的新支柱，为壮大武汉国家中心城市规模和能级提供强有力的支撑，避免主城"摊大饼"式的圈层扩张，形成多中心、组团式发展模式，从更大区域范围、以更优发展模式拓展武汉的发展空间，通过发展新质生产力，努力成为国家中心城市建设的新支撑。

（二）围绕"三城"定位发展新质生产力

"三城"即长江新区坚持全球视野、战略眼光，既立足当前谋一域，又着眼未来谋全局，发挥毗邻武汉主城、辐射带动强劲，科创资源成果丰富、转移转化潜力巨大，生态山清水秀、江田湖城人和谐共生，可集中开发利用空间充裕、白纸新城好作画等综合优势，推动科技引领、创新发展，生态优先、绿色发展，高效治理、集约发展，努力打造成为承载全球创新成果转化应用的未来之城、长江经济带绿色发展先行示范的大美之城、现代城市建设治理的典范之城。

1.承载全球创新成果转化应用的未来之城

创新是发展新质生产力的核心动力，只有将创新深深根植在产业发展的沃土之中，科技创新成果才能转化为现实生产力。长江新区要充分利用好武汉的科技资源优势，充分发挥自身发展空间广阔的优势，着力在创新创业补短板强弱项上下功夫，促进武汉科技资源优势向创新成果转化和产业化优势转变，通过承载全球创新成果转化应用，提高关键领域自主创新能力，着力打造数字经济、绿色经济、生物经济发展先导区和先进制造业基地，切实将武汉的科技资源优势转化为支撑长江新区产业发展的优势。围绕产业链部署创新链，结合在长江新区整合建设湖北大学，围绕数字经济、绿色经济、生物经济、航空航天经济等新经济部署创新链，使长江新区成为支撑新经济发展的"硅谷"。围绕创新链布局产业链，充分利用在长江新区整合建设的湖北大学以及武汉的创新资源优势，畅通科技成果产业化渠道，积极培育发展新兴产业，做优武汉经济最大的增量。加强对科创企业的金融支持力度，畅通科技型企业国内上市融资渠道，鼓励发展天使投资、创业投资，更好发挥创业投资引导基金和私募股权基金作用。发挥企业家在把握创新方向、凝聚人才、筹措资金等方面的重要作用。倡导敬业、精益、专注、宽容失败的创新文化，完善试错容错纠错机制。优化营商环境，加强事中事后监管，反对垄断和不正当竞争，维护公平公正的市场秩序。对初创企业、小微企业给予政策扶持。依托"互联网+"推动融通创新，发展壮大新动能。广泛育才聚才，使千千万万奋进者在长江新区实现不凡创造。

2. 长江经济带绿色发展先行示范的大美之城

按照新质生产力本身也是绿色生产力的要求，彰显绿色低碳发展的底色。长江新区把修复长江生态环境摆在压倒性位置，通过高水平的生态保护促进绿色低碳高质量发展，积极探索生态优先、绿色发展新路子，构建人与自然和谐共生的大美之城。促进生产要素向长江新区集聚，通过长江新区"点"上的高质量发展带动长江流域"面"上的高水平保护，实现生态保护与高质量发展的协同联动、整体一致。严格落实长江经济带发展负面清单管理制度体系，加强对产业发展、区域开发、岸线利用的分类管控，推动全流域精细化分区管控，加强"三线一单"成果在政策制定、环境准入、园区管理、执法监管等方面的应用，加强"三线一单"实施成效评估，倒逼经济绿色转型。推动构建以排污许可制为核心的固定污染源监管制度体系，强化有毒有害水污染物排放管控，研究符合种植业、养殖业特点的农业面源污染治理模式，探索长江新区城市面源污染治理新模式。建立完善流域突发水污染事件联防联控机制，防范化解沿江环境风险。

3. 现代城市建设治理的典范之城

更好满足人民对美好生活的需求是发展新质生产力的出发点和落脚点，长江新区作为发展新质生产力的重要空间载体，要坚持人民城市人民建、人民城市为人民，不断提高城市规划、建设、治理水平，提升城市环境质量、人民生活质量、城市竞争力，加强系统治理、依法治理、源头治理、综合施策，不断推进城市治理体系和治理能力现代化，为发展新质生产力提供完善的制度保障。深入贯彻以人民为中心的发展思想，处理好城市生产、生活和生态环境保护的关系，合理安排生产、生活、生态空间，促进生产空间集约高效、生活空间宜居适度、生态空间山清水秀，为新质生产力发展创造良好的城市发展环境。

第六章

西部地区

一、重庆：加快培育独角兽企业

重庆市是全国重要的老工业基地之一，拥有全部 30 多个制造业大类行业，新质生产力培育发展基础极为扎实。近年来，重庆聚焦"科技创新是新质生产力的核心要素、产业是新质生产力的载体"的发展理念，围绕因地制宜培育发展新质生产力的要求，从增强科技创新战略布局、构建现代制造业集群体系、加快绿色低碳转型发展、深化体制机制改革、强化人才支撑等方面采取措施，着力培育发展新质生产力，增强全市经济高质量发展新动能。

（一）着力推动独角兽企业培育发展

科技创新不仅是城市产业的核心竞争力，更是国家经济发展的重要支撑。重庆通过启动实施高新技术企业和科技型企业"双倍增"行动计划，推进企业上市"千里马"行动和独角兽企业培育计划等一系列举措，让政策、科技创新、金融、产业实现了良性循环，为独角兽企业的培育创造了良好的外部环境，极大促进了产业高质量发展。

1. 注重夯基垒台提升科技创新能力，独角兽企业加快培育集聚

重庆以构建"416"科技创新战略布局为引领，一体推进原始创新、技术创新和产业创新，具有全国影响力的科技创新中心建设实现新突破。重庆统计局的统计数据显示，2023 年全社会研发投入总量达 750 亿元，同比增长 10%。研发投入强度达 2.45%，较上年提高 0.09

个百分点，居全国第 10 位。从创新平台载体建设情况来看，重庆高标准建设西部（重庆）科学城、两江协同创新区、广阳湾智创生态城三大科创中心核心承载区，集聚了各类研发平台 964 家。除布局建设金凤实验室等 4 个重庆实验室外，重庆还加快推进国家新一代人工智能创新发展试验区建设，国家生猪技术创新中心、国家硅基混合集成创新中心建设也取得阶段性成果。此外，重庆还在积极创建轻金属、卫星互联网应用、页岩气等国家技术创新中心，并在工业大数据等领域布局企业牵头、产学研协同的 17 个技术创新中心[①]。此外，为了让企业有更良好的发展环境，近年来，重庆制定了翔实的惠企强企政策，拿出"真金白银"支持产业发展。

科技创新投资力度持续加大和创新创业环境持续改善，极大促进了重庆独角兽企业的快速成长。2024 中国（重庆）独角兽企业大会发布的《2024 年度重庆市独角兽、瞪羚企业榜单》显示，2023 年重庆新晋独角兽企业 2 家，总数达 7 家；新晋潜在独角兽企业 10 家，总数达 16 家；潜在独角兽企业总数达 23 家，较 2022 年的 11 家实现倍增。另外，重庆市潜在独角兽企业群体总估值 257.73 亿美元，同比增长 136.7%。从新赛道领域看，重庆现有的 23 家潜在独角兽企业，17 家企业分布在智能网联新能源汽车、新型储能等前沿赛道，"硬科技"属性十足。与此同时，在独角兽企业的积极带动下，重庆其他领域优势企业也在加快成长。重庆市经济和信息化委员会数据显示，2023 年重庆累计创建国家专精特新"小巨人"企业 286 家，在城市排名中位列中西部地区第一；新增上市企业 10 家，全市新增境内 IPO 上市公司数量排名西部地区第一；全年新增经营主体 64.8 万户，增长 21.8%。

---

① 《"416""33618"——这组"密码"何解？》，七一网，2024 年 3 月 19 日。

2.瞄准未来产业赛道"助力添料"，让更多企业乘势而起

近年来，重庆前瞻性地瞄准未来赛道，加快支持引导低空经济、空天信息、未来能源等前沿产业，有力促进了企业乘势而上、起飞翱翔。2023 年，重庆汽车产量升至全国第 2，新能源汽车产量增长 37%。独角兽企业阿维塔的崛起，就离不开重庆强大的汽车产业集群的支撑。

一是给足"养料"，让"耐心资本"（长期投资资本）助力独角兽企业养成。近年来，重庆紧抓新时代推进西部大开发新机遇，一方面，聚焦西部金融中心建设，通过加快金融开放和金融创新，加大对风投资本市场的引导支持，极大提升了适应企业全生命周期的金融服务产品。其中，重庆风投和私募的良好有序发展，为独角兽企业快速成长提供了有力的资金支持。另一方面，政府着力打造良好的投资环境，包括政策环境、市场环境、法治环境等，让投资者对重庆的科技产业充满信心，愿意长期持有投资。近年来，相关部门聚焦重庆"33618"现代制造业集群体系①，积极推动产业发展基金成立，以政府性基金撬动社会资本，推动重庆"硬科技"的发展。

二是做好梯度培育，让"后备军"不断涌现。近年来，重庆着力加强中小企业生态系统建设，通过产业细分领域专精特新"小巨人"企业引育发展，让更多中小企业实现快速成长，并最终崛起为独角兽企业。比如，针对产业本身，重庆积极借助西部（重庆）科学城、国家重点实验室等科研资源，培育打造"产业研究院＋产业园区＋产业基金"的优质中小企业生成生态体系，不断推动创新资源向产业汇聚。另外，重庆还不断加强企业公共服务体系建设，通过税收优惠、

---

① 指 3 大万亿级主导产业集群、3 大五千亿级支柱产业集群、6 大千亿级特色优势产业集群、18 个"新星"产业集群。

资金扶持、人才引进等综合政策，降低企业创新成本，助力独角兽企业"高跳快跑"。

（二）全力打造"33618"现代制造业集群体系

党的十八大以来，重庆着力实施制造强市战略，深入推进先进制造业高质量发展专项行动，着力构建"33618"现代制造业集群体系，国家重要先进制造业中心建设取得新成效。

1. 三大主导产业稳步向好，"33618"现代制造业集群体系加速提升

重庆制造业门类齐全，产业基础极为扎实。重庆市经济和信息化委员会有关负责人表示，自"33618"现代制造业集群体系构建提出以来，制造业产业结构迭代升级，标志性成果不断涌现。

"33618"现代制造业集群加速提升。三大主导产业稳步向好，2023 年汽车产量达 232 万辆，升至全国第 2 位，新能源汽车产量突破 50 万辆，同比增长 37%，汽车出口货值同比增长约 52%；笔记本电脑产量达 7063.1 万台，占全球比重接近一半，10 年蝉联全球第 1；智能手机产量达 7693.6 万台，升至全国第 4 位；己二酸、氨纶产能分别位居全球第 1 位、第 2 位，航空风挡玻璃、微晶纳米电子玻璃填补国内空白、技术全球领先；功率半导体及集成电路、传感器及仪器仪表等新一代电子信息制造业发展迅速，2023 年增加值分别增长 15%、11.2%；先进材料产业集群增加值增长 12.3%。重庆市统计局的数据显示，2023 年，重庆市规上工业总产值超 2.6 万亿元；规上工业增加值增长 6.6%，高于全国平均水平 2 个百分点，列全国第 11 位；工业投资增长 13.3%，高于全国平均水平 4.3 个百分点[①]。2024 年 1—4 月，重

---

① 《重庆：老工业基地的新质生产力培育实践》，《中国工业报》2024 年 5 月 28 日。

庆市规上工业企业合计完成产值 8801.2 亿元、增长 7.7%，增加值增长 9.1%，高于 2023 年同期 7.2 个百分点（见图 6–1）；完成工业投资 1107.5 亿元、增长 15.8%[①]。

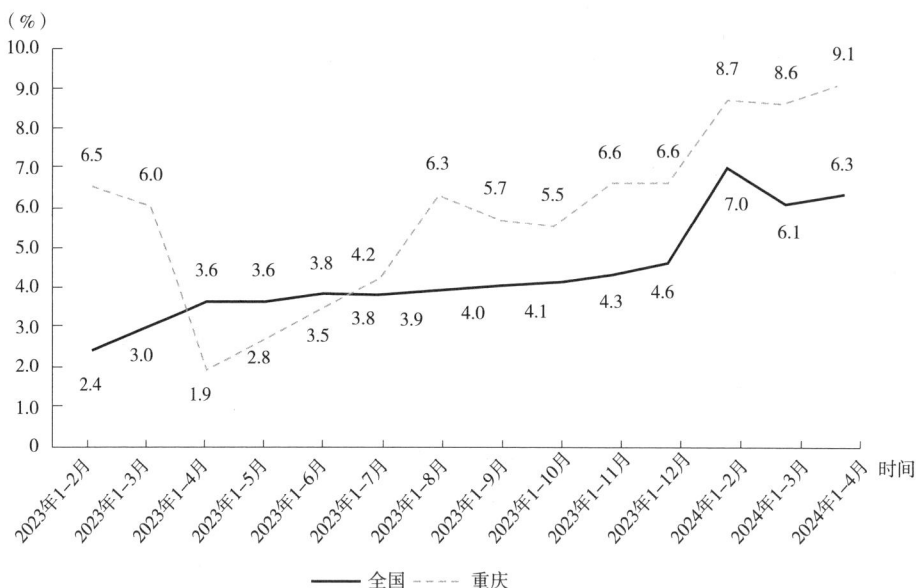

图 6–1　重庆市与全国规上工业增加值累计增速情况

资料来源：重庆市统计局，《1–4 月重庆经济运行简况》，2024。

产业链供应链持续优化升级。"33618"现代制造业集群体系提出以来，重庆立足传统产业改造升级，围绕稳链强链、基础再造、能级跃升一体推进思路，持续优化产业布局，以"链式创新"着力推动产业链供应链优化升级，建立起"专项方案＋专班推进"机制，加快形成上下游协作、高中低端协同的融合集群发展格局，取得了积极的成效[②]。"33618"现代制造业集群体系提出一年来，重庆不断引进延链补链强链项目。在第六届中国西部国际投资贸易洽谈会重大项目签约

---

① 《1–4 月重庆经济运行简况》，重庆市统计局官网，2024 年 5 月 29 日。
② 《重庆：老工业基地的新质生产力培育实践》，《中国工业报》2024 年 5 月 28 日。

仪式上，一大批围绕建设"33618"现代制造业集群体系的重大项目集中签约。其中，三大主导产业项目 62 个，正式合同额 1106.28 亿元；签约三大支柱产业项目 50 个，正式合同额 639.12 亿元；签约六大特色优势产业项目 24 个，正式合同额 394.7 亿元，实现"33618"现代制造业集群体系全覆盖[①]。2024 年以来，聚焦新兴前沿、补短锻长两大重点方向，瞄准链长链主、中央企业、创新团队 3 类目标对象，全市年度招商重点工作扎实推进。重庆市经济和信息化委员会的数据显示，2024 年一季度，重庆全市新签约制造业项目 266 个，新开工项目 122 个，同比增长 31.18%，全年有望签约 100 亿级项目 30个，50 亿级项目 60 个，进一步助力工业制造强链补链展链。

2. 因地制宜发展新质生产力，科技创新和产业创新深度融合态势持续向好

重庆重点围绕"科技创新是新质生产力的核心要素、产业是新质生产力的载体"的发展理念，以构建"33618"现代制造业集群体系为关键突破口，加快推动建立产业集群建设工作专班机制，编制了标志性产业链发展全景图和先进制造业发展产业地图，形成了"作战图 +作战方案 + 作战行动"体系化推进的工作格局[②]，极大提升了产业链创新链融合互促共进水平，有力促进了现代化产业体系培育，奠定了新质生产力发展根基。

健全完善企业集约式服务机制。在政策支持服务方面，重庆出台支持企业综合性惠企纾困、减负增效政策，累计减轻企业负担近千亿元，成效极为显著。与此同时，在产业配套政策落地实施和创

①《西洽会上签约 196 个重大项目》，《重庆日报》2024 年 5 月 24 日。
②《牢记重托 勇担使命 积极作为 奋力谱写中国式现代化重庆篇章》，《重庆日报》2024 年 5 月 26 日。

新氛围营造之外，重庆市还首创集约式健全服务新机制，重点通过创新实施服务企业专员制度，为上万家企业配备 8000 余名服务专员，迭代升级"企业吹哨·部门报到"服务平台，落细落实常态化"三服务"机制①。

积极推进"四链"融合发展。在强化创新引领方面，重庆加快产业链、创新链、资金链和人才链相互精准嵌入，持续推进科技创新和产业创新深度融合。在深化科技体制改革方面，重庆通过深化职务科技成果所有权或长期使用权改革试点，推进自然科学基金项目试行"负面清单 + 包干制"改革，赋予了科研人员更大自主权。开展科技成果转化"先投后股"改革试点，先期以科技项目形式向科技型企业投入财政资金，后期按照事先约定将投入的财政资金转换为股权，首批立项支持 4 个项目，投入 700 万元。加快科技金融改革赋能，2023 年重庆市技术合同成交额 865.1 亿元，增长 37.2%。率先开展知识价值信用贷款改革试点，发放知识价值信用贷款超过 210 亿元。制定出台重庆市科技创新股权投资引导基金管理办法，种子投资、天使投资、风险投资全链条创投体系不断完善。

在人才链塑造方面，重庆坚持以更大力度、更大诚意、更实举措引进培养"高精尖缺"人才理念，把规模宏大、结构合理、素质优良的人才队伍对接到创新链、产业链各环节中。具体而言，加快培养壮大"急需紧缺"工程人才队伍，依托重庆大学率先建设重庆卓越工程师学院，成功创建国家卓越工程师学院。实施"巴渝工匠"行动计划，获批全国首个"智能 + 技能"数字技能人才培养试验区，全市高技能人才 162 万人，占技能人才总量的 31.3%，居西部第一。深入实施制

---

① 《重庆：老工业基地的新质生产力培育实践》，《中国工业报》2024 年 5 月 28 日。

造业人才高质量发展专项行动，成立全国省级层面首个制造业人才服务中心，加快以产业集群促人才集聚、以产教融合促人才培育、以产业发展促人才创新，全市制造业从业人员约205万人，制造业人才总量达68万人。

精准助力产业产品提质升级。针对具备比较优势的产业，重庆重点推动产品更新换代，进一步向高端迈进，持续巩固优势；支持整车企业加强整车平台架构开发和新车型研发，提高智能驾驶系统前装比例，打造市场认可度高的品牌与产品矩阵。针对集成电路、新型显示等具备发展潜力的产业，重庆前瞻布局三代半、第四代化合物半导体研发，推动硅光技术路线应用，打造特色工艺集成电路产业高地；提速 MLED 产业化进程，突破量子点发光材料、巨量转移等技术，抢占下一代平板显示技术制高点。与此同时，重庆还积极谋划做好选种育苗，"无中生有"培育新业态新模式新动能[①]。此外，重庆紧抓新时代西部大开发机遇，全面深化央地合作，积极争取战略性材料、集成电路、重要装备等领域更多重大生产力布局，在有效提升自身产业能级的同时更好地服务国家战略。

二、四川成都：以科技成果转化赋能未来产业发展

2023 年 7 月，习近平总书记在四川考察时强调，要牢牢把握高质量发展这个首要任务，希望四川在推进科技创新和科技成果转化上同时发力，着力打造西部地区创新高地，尽快成为带动西部高质

---

① 《牢记重托 勇担使命 积极作为 奋力谱写中国式现代化重庆篇章》，《重庆日报》2024 年 5 月 26 日。

量发展的重要增长极和新的动力源[①]。现代化产业体系是夯实新质生产力培育发展的重要力量支撑，四川聚焦电子信息、装备制造、食品轻纺、能源化工、先进材料、医药健康等六大优势主导产业，大力开展提质倍增行动，已形成 3 个万亿级产业集群、3 个国家先进制造业集群、9 个国家中小企业特色产业集群，2023 年规模以上工业增加值增长 6.1%，晶硅光伏、动力电池、钒钛产业等战略性新兴产业发展态势强劲[②]。成都作为四川经济发展的增长极和创新资源集聚高地，正在积极围绕提升科技创新硬实力、加快科创成果产业化和加快未来产业新赛道布局，夯实新质生产力培育发展的坚实基础。

（一）加快提升科技创新"硬实力"

科技创新是发展新质生产力的核心要素，必须摆在更加突出的位置聚焦聚力推进。为加快新质生产力培育发展，成都近年来更加自觉地在国家战略全局中谋划城市发展，坚持把科技创新摆在各项任务首位，把握科技创新这个"关键变量"，掌握科技发展的主动权，让科技创新为经济社会发展赋能，成为推动引领各项事业发展的"最大增量"。

1.坚持科技是第一生产力，加快打造全国重要的创新策源地

党的十八大以来，成都紧抓"一带一路"建设、新时代西部大开发、长江经济带发展和建设成渝地区双城经济圈等重大战略多重叠加机遇，牢固树立科技创新驱动高质量发展的理念，持续优化空间、技术、平台三大布局，提升协同创新、成果转化、城市治理三大能力，强化创新策源、创新人才、创新生态三大支撑，正加快构建成为全国

---

① 《习近平在四川考察时强调 推动新时代治蜀兴川再上新台阶 奋力谱写中国式现代化四川新篇章》，《人民日报》2023 年 7 月 30 日。

② 《以发展新质生产力为重要着力点推进高质量发展》，《人民日报》2024 年 3 月 12 日。

重要的创新策源地和具有国际影响力的创新型城市[①]。

优化协同创新空间布局。"十四五"以来，成都紧扣未来城市战略定位，坚持主体集中、区域集中、资源集中，着力构建"1+4+N"创新空间布局。

具体而言，一是强化西部（成都）科学城创新极核引领。构建成都科学城"一核"创新策源与新经济活力区、生命科学创新区、成都未来科技城和新一代信息技术创新基地"四区"创新成果转移转化协同机制，搭建"核心+基地+网络"的创新体系[②]，促进人才、技术、资金等要素高度集聚、自由流动、优化配置，形成高质量发展的动力引擎。二是优化科技创新高质量发展的空间承载。统筹布局全市产业链主要承载地、协同发展地建设，以科创空间吸引创新资源集聚转化、推动产业发展动力更新，以集约节约、内涵发展为特征的产业空间加快形成。与此同时，聚焦高端产业和产业高端，在产业链主要承载地、协同发展地布局更多开放型创新功能平台，协同共建科技成果转移转化示范区，创造更多"从0到1"的"硬核科技"和"从1到N"的转化成果，实现从要素驱动向创新驱动的有效转变。三是深入推进环高校知识经济圈建设。充分发挥在蓉高校的学科与人才优势，布局建设11个环高校知识经济圈，搭建一批创新载体，增强承接溢出能力，强化校地协同创新联系纽带，推动人才、资本、技术、知识等多要素融合，促进技术创新和科技成果转化，培育创新型产业集群，推动城市创新发展。

积极推进成渝科技创新协同。立足成渝两地科教资源优势，围绕成渝地区双城经济圈建设，成都积极加快与重庆协同创新，重点推动

---

①②　《打造成德眉资创新共同体》，《成都日报》2022年5月7日。

西部（成都）科学城与重庆两江协同创新区、西部（重庆）科学城、中国（绵阳）科技城按照"一城多园"模式合作共建西部科学城，打造成渝绵"创新金三角"[①]。深化成德绵国家科技成果转移转化示范区建设，做好四川省重大新药创制国家科技重大专项成果转移转化试点示范。加强成渝地区创新联动，支持四川天府新区、成都高新区与重庆两江新区、重庆高新区协同创新，推动科研布局互补、创新资源共享、新兴产业互动[②]。

2. 科技创新集聚培育能力显著提升，全国重要科技创新中心建设迈上新台阶

高等教育从"上规模"向"提质量"转变。2023 年 10 月 27 日，高等教育评价专业机构软科发布的 2023 软科世界一流学科排名中，四川共有 14 所高校 148 个学科上榜，无论上榜高校数量、上榜学科数量，还是上榜学科排名，与 2022 年相比均有显著进步。其中，四川大学的化学工程、矿业工程、生物医学工程和口腔医学，电子科技大学的通信工程、遥感技术，西南交通大学的交通运输工程，共 7 个学科跻身世界前十。这是西南交通大学首次有学科入围世界前十，其交通运输工程排名世界第 9 位[③]。

高端创新要素资源加速汇聚。截至 2023 年底，成都国家高新技术企业达 1.14 万家，较"十三五"末增长近 2 倍，国家创新型城市创新能力指数排全国第 11 位，全球城市创新指数排位从第 47 位上升至第 29 位，在上海市经济信息中心发布的《全球科技创新中心评估报告2022》中，成都连续 4 年上榜，位列全球第 63 位、国内城市第 6 位。

---

① 《打造成德眉资创新共同体》，《成都日报》2022 年 5 月 7 日。
② 石润伯、贾开：《以"生态"视角提升科技创新体系整体效能》，《先锋》2022 年第 7 期。
③ 《世界一流学科！四川 14 所高校上榜》，澎湃新闻，2023 年 10 月 30 日。

科技创新成果质与量实现双提升。从每万人口高价值发明专利拥有量看，2022年，成都全市每万人口高价值发明专利拥有量达15.4件，较2020年底增长43.9%，预计2025年达18.5件。从科技进步贡献率看，2022年，成都全市科技进步贡献率为67.4%，较2021年提高0.2个百分点，预计2025年将达到68%。

（二）构建未来产业创新平台体系

成都坚持把发展着力点放在实体经济上，深入实施产业建圈强链行动，加快构建支柱产业、新兴产业、未来产业梯度发展的产业格局，以"圈链思维"谋划打造电子信息、数字经济、航空航天、绿色低碳、大健康等8个产业生态圈，捕捉前沿技术和热点赛道，主攻大数据与人工智能（含车载智能控制系统）、高端诊疗、金融科技等30条重点产业链，构建"链主"企业、公共平台、中介机构、产投基金、领军人才等集聚共生的"5+N"产业生态体系。

1. 以现代化产业体系构建为核心，加快创新资源支撑能力建设

成都坚持把发展经济的着力点放在实体经济上，以工业强基为核心开展前沿性技术攻关，推动创新链、产业链、资金链、人才链"四链"融合，加大力度建平台、给场景、拓市场、优政策，健全本地科技就近转化机制、畅通外地创新本地转化渠道，推动科技优势转化为产业优势，助力具有核心竞争力的优势产业集群加快打造。

加强前沿技术供给，抢抓未来产业发展新赛道。聚焦重点产业建圈强链，突破"卡脖子"核心关键技术、研发制造标志性整机产品和关键零部件，力争在产业链高端和价值链核心的关键领域取得重大突破，提升产业核心竞争力，为构建现代化开放型产业体系提供重要支撑。加强产业变革趋势预判和重大技术预警，着力在价值高端中寻突破、在"无人区"中育新机，分层次、分阶段布局人工智能、先进计

算及数据服务、量子互联网、6G、脑科学等前沿技术及未来产业。发挥重大科技基础设施和天府实验室先导引领作用，设立未来产业科技攻关专项，强化"从 0 到 1"前沿探索、推进引领性原创成果重大突破，形成行业比较优势和关键环节绝对优势。推动产业链主要承载地、协同发展地布局未来产业细分领域，支持科创空间布局建设概念验证、未来实验室、算力及数据中心等功能设施，打造定位科学、业态鲜明、功能突出、场景完善的未来产业园区。

面向产业转型升级需求，强化创新支撑功能。强化研发设计功能，布局国家级产业、技术、制造业创新中心和重点实验室等创新平台，建设研发设计、大数据运筹等功能性服务平台，推动重大创新资源开放共享。完善创新转化功能，建设"二次开发"实验室、中试共享生产线、轨道试验线、检测认证等公共服务平台，聚集技术对接、确权、交易等成果转化服务机构，支撑产业技术创新和成果孵化转化。加强场景建设示范，超前布局 5G 专网、智能感知、通信网络等新型基础设施，引导大中小企业结成应用场景联合体，围绕赋能"5G+""大数据+""清洁能源+"等领域，打造新技术、新产品、新模式示范应用场景。

拓展投融资渠道，构建全链条股权融资服务体系。完善"天使投资＋创业投资＋上市融资"股权融资链条，培育壮大创投机构队伍，鼓励社会资本参与创业投资，加大对域外知名创业投资机构的招引力度，打造创业投资集聚区。鼓励充分发挥政府引导基金作用，放宽政府引导基金杠杆要求、出资期限要求、返投比例要求，引导更多社会资本投向科技创新领域。支持科技企业上市融资，积极推进硬核科技企业在境内外主要交易场所上市融资。发挥银行科技企业融资主渠道作用。完善政策性信贷产品体系，充分发挥科技企业债权融资风险补偿资金池、中小微企业贷款风险资金池作用。优化科技贷款结构，鼓励银行机构向无贷款记录的科技企业发放首笔贷款；引导银行机构信贷资源向中小微科技型企业倾斜。创新融资方式，形成银保联动、投保联动等科技金融服务新模式。

加快集聚人才资源，提升各类人才服务保障水平。提升高层次人才管理和服务水平，开辟高层次人才服务"绿色通道"，建立高层次人才长期稳定支持机制，开展顶尖人才扩大科研自主权试点，加强在团队配备、科研条件制定、资金稳定支持等方面的政策支持。提升国际人员往来便利化服务水平，简化外籍人才出入境和居留手续，积极争取探索实行技术移民政策，逐步实现外籍人才工作许可、工作类居留许可"一窗通办、并联办理"，加快建设国际学校、国际医院、国际社区等公共服务配套设施，完善国际人才生活环境。

2. 前瞻布局未来产业新赛道，加快科技创新优势向产业高质量发展优势转变

围绕科技创新加快提升现代化产业体系战略目标，成都深入实施产业建圈强链行动。一手抓传统优势产业转型升级，推动产业链向价值链高端延伸；一手抓战略性新兴产业培育壮大和未来产业加速孵化，不断开辟发展新领域、新赛道，更好统筹产业发展质量、规模和效益，推动经济实现质的有效提升和量的合理增长。当前，为加快培育发展未来产业，成都正通过专业化园区建设，链接创新资源，助力新兴赛道孵化加速。从园区平台看，成都生物芯片孵化加速园、细胞治疗孵化加速园、核医药孵化加速园三大未来产业孵化加速园集中亮相，标志着成都未来产业迎来载体支撑。从产业领域看，成都未来产业孵化加速园聚焦前沿生物、先进能源、未来交通、数字智能、泛在网络、新型材料六大领域。

构建未来产业创新平台体系，推动产业链、创新链深度融合发展。一是加快布局重大产业技术创新平台，积极争取国家在蓉布局生物医药、信息技术、航天航空、轨道交通等重点领域的国家产业创新中心、工程研究中心、技术创新中心、制造业创新中心，争取组建国家未来产业技术研究院，增强技术研发、中试验证、成果转化和应用示范能力。二是发挥高等院校和科研院所聚集和基础研究领域全国领先的优势，围绕未来产业发展方向，引导大院大所和行业龙头企业共建产学研创新联合体，加大力度吸引世界 500 强企业设立研发中心，加快形成龙头企业牵头、高校院所支撑、各创新主体相互协同的创新联合体，围绕基础科学和前沿技术进行突破性研究，发展高效强大的共性技术供给体系，强化产业创新支撑，力争在前沿引领技术和关键共性技术上实现更多"从 0 到 1"的突破，在前沿优势领域实现更多"从 1 到 N"的突破。三是重点围绕"芯屏端软智网"六大电子信息产业领域和航空装备、汽车、智能制造、轨道交通、能源环保五大装备制造产业领域，前瞻打造定位科学、业态鲜明、功能突出、场景完善的特色未来产业专业园区。

加强跨产业技术融合，推动优势产业、前沿技术向未来产业转化。一是进一步促进科技成果转移转化，打造"基础研究—技术攻关—成果转化"的科技创新生态链，加快建设"一带一路"国际技术转移中心，培育市场化专业化科技服务机构和技术经纪人队伍，支持高校、科研院所设立专业机构推进科技成果转移转化，探索推进高校、科研院所科技成果中试熟化，促进国家大学科技园等产学研融合主体提质升级。二是充分发挥数字经济的产业赋能作用，鼓励互联网平台企业应用数字技术助力未来产业发展，大力发展智能网联汽车、扩展现实（XR）等数字赋能型新兴产业，支持龙头企业将较为成熟的工业互联网平台对产业链上下游开放，提高全行业数字化水平，促进产品形态和商业模式创新，发挥数据作为新型生产要素的价值，加快推进数字未来产业发展。

三、广西：依托数字经济破解传统产业发展难题

2022 年，广西数字经济规模超 9300 亿元，占 GDP 比重为 35.5%。自 2018 年以来，广西数字经济增加值年均增速达到 10% 以上，远高于同期 GDP 增速，信息传输、软件和信息技术服务业对经济增长贡献率超 25%，软件和信息技术服务业产值增速排名全国第 2[①]。数字经济已成为广西经济增长的重要引擎，形成了若干数字经济赋能广西经济社会发展的典型案例。

（一）"桂信融"破局"新四难"[②]

长期以来，金融领域面临着信用信息采集不全面、信息共享不高效、信用转化不充分、跨区域跨境信息应用不通畅等问题，金融机构投放民营小微企业贷款也存在风险识别难、尽职免责难、首次贷款难、信用贷款难等"新四难"问题。中国人民银行广西壮族自治区分行联合广西壮族自治区大数据发展局、财政厅、党委金融办等部门，创新建设大数据智能化、数字化融合应用的广西征信融资服务平台（又称"桂信融"），利用"金融＋政务＋商业"数据融合，面向政银企提供公益性质的"征信＋融资＋政策"全链条数字金融服务，打造了"信息—信用—信贷"转化新路径，解决中小微企业融资发展中存在的信

---

① 《数字经济赋能新时代壮美广西建设——自治区大数据发展局助力全区经济社会高质量发展综述》，广西壮族自治区大数据发展局官网，2023 年 10 月 31 日。

② 本案例来自广西壮族自治区大数据发展局。

息不对称、对接不便捷以及跨境跨区域信息应用不通畅等问题，以信促融服务企业融资，助力数字普惠金融高质量发展。

"桂信融"建设总体架构可归纳为通过"一个平台、两个数据库"的建设实现"联通三个网络、服务三类主体、打造三个中心"。政务数据库汇集工商、税务、住建等 26 个政府部门共享的重要领域政务数据，金融数据库汇聚广西 141 家银行业金融机构的企业收支流水数据，同时逐步接入糖业、农资、航运等地方特色产业链数据。截至 2024 年 6 月末，两个数据库归集数据超过 408 亿条，完全覆盖全区 736 万家（户）商事主体，涵盖广西辖区经济活跃企业 92 万家、个体工商户 24 万家；实现 6 万家新型农业经营主体建档评级全覆盖。通过统一的平台和数据库，运用金融科技手段，打通金融专网、政务外网、互联网，形成政银企信息应用中枢，为经济主体、金融机构、政务部门三类主体提供公益的增信促融、融资对接、信用画像、企业走访、政策申报、经济金融监测等服务。项目成效体现在以下几方面。

一是在先进性方面，打造广西大数据赋能新高地。"桂信融"平台在技术创新、数据融合与模式创新领域展现出显著先进性，通过"搭建两个数据库、联通三个网络"，在全国范围内率先整合"政务＋金融＋商业"数据，构建丰富的数据维度，实现了精准信用评估，充分挖掘数据价值。创新了"流水贷"系列金融产品，同时提供一站式金融与政策服务，极大地提升了金融服务效率并拓宽覆盖面，补齐了一般融资信息平台仅归集政务数据或仅提供融资撮合的短板，推动政务、金融、商业 3 个领域涉企信用信息在金融领域的依法共享、融合应用。

二是在实效性方面，数据促融服务普惠成效显著。"桂信融"平台通过数据融合应用，将企业信息转化为企业信用，助力小微企业增信增资，方便银行全方位、多角度对企业信用进行"精准画像"，进一步畅通"信息—信用—信贷"转化路径，提高小微企业融资可得性，助力中小微企业发展。从 2021 年 11 月上线至 2024 年 6 月末，"桂信融"平台累计提供信用信息支持 61.72 万次，服务企业 12.99 万家，服务融资金额 1.89 万亿元。其中，服务中小微企业融资金额 1.59 万亿元，占比超八成，引导金融资源更加精准地流向有需求、有潜力的民营小微企业，优化金融资源配置。

三是在示范性方面，"桂信融"企业成为多领域数据融合应用的典型案例。"桂信融"平台作为数字普惠金融的标志性典范，获中国人民银行总行批复"全覆盖征信试点"，获评"广西 2021 年改革创新案例""广西十佳数据融合创新案例"，其"政务＋金融＋商业"数据融合应用的成功模式为各省推动数据要素在金融领域的融合应用提供了宝贵的经验，是可复制、可推广的解决方案。

四是在未来潜力方面，推动数据智能化与融合化应用潜力巨大。未来，要持续推动产业、市场、供应链的数据的归集共享，与平台现有数据实现融合应用，进一步打破信息壁垒，通过金融科技赋能，积极运用数据直通、建模评分等形式提升数据整合应用效率，实现对企业信用风险的实时监控和预警，为金融机构信贷决策提供更精准、更全面的信息支持。同时，充分挖掘数据价值，深化金融服务创新，推出市场需求的金融产品和服务，更好地满足企业多样化的融资需求，提高金融服务的覆盖面和普惠性。

（二）"兴农易贷平台"创新广西畜禽活体抵押贷[①]

长期以来，畜牧行业面临着融资难、融资贵、风险高等诸多挑战，尤以占比超过整体畜牧产业 60% 的生猪养殖最为突出。抵押登记、价

---

① 本案例来自广西壮族自治区大数据发展局。

值评估、风险控制及风险分担等难题，导致行业整体性经营困难，"猪周期"波动性巨大，亟须通过改革创新，实现突破性发展。

为切实解决养殖企业长期面临的贷款融资难的问题，在广西农业农村厅和地方金融监督管理局的监管与指导下，桂信融平台设立畜禽活体抵押贷子平台——兴农易贷平台，创新性地以政府检疫耳标为抵押物标识，通过检疫出证实现抵押物管控，并依托北部湾大数据交易中心，将广西畜牧兽医智慧监管服务平台的全流程公共数据进行脱敏处理，授权兴农易贷平台运营。平台以人工智能技术作为全场管控核心，为金融机构打造大数据风控体系，同时通过供应链企业，实现贷款资金专款专用，资金监管闭环，有效降低银行放款风险，解决养殖户融资难题，推动行业高质量发展。

兴农易贷平台是基于官方公共数据运营的综合性服务平台。该平台融入金融、保险、供应链等社会资源，服务于畜牧产业的高质量发展。平台在政府监管授权下，结合多方资源设计合理的商业模式以实现经济效益与社会效益的双赢。平台通过向金融机构提供公共脱敏数据接口、抵押物监管解决方案等技术服务以及向供应链企业提供专款专用资金等方式获取收入。同时，该解决方案帮助养殖户获得低息高额融资贷款资金以升级养殖条件及扩大规模，并促进畜牧产业优化升级和高质量发展产生显著的社会效益。此外，平台还积极与政府部门、行业协会、金融、保险及上下游供应链企业等合作拓展服务领域，如打造专款专用涉农商城等，以推动畜牧业高质量发展并促进农村经济发展和乡村振兴。

该解决方案在数据要素协同、复用和融合创新方面主要有以下内容。一是活体抵押登记。对动物活体进行身份识别与数量登记是活体抵押登记的主要难点。该解决方案通过电子耳标＋手持 RFID 智能终端采集动物活体信息，完成身份识别与登记，并利用进出猪"AI 通道 +AI 摄像头"手段，完成身份识别与数量盘点等相关的数据加工分析和应用业务，从而解决猪只的抵押登记难问题。二是价值评估。一方面，银行可以通过抵押折扣率解决因为猪价波动大导致的价值评估难问题。另一方面，增加 AI 猪只数量检测与盘点，采集加工分析猪只活体信息，以完善对于场内猪只的数量盘点与管控，从而解决因为数量难盘点而导致的价值评估难问题。三是风险分担。主要通过购买政策性保险和商业险相结合的方式，最大程度降低银行贷款风险。此外，打造专款专用农资商城，养殖户贷款资金只能用于借款主体购进活体畜禽和相关饲养支出，以及养殖场等畜牧业基础设施建设、维修和生产经营等合法用途，实现贷款资金专款专用和监管闭环，进一步分摊银行贷款风险。

该解决方案是活体抵押贷款金融服务新模式的创新性尝试，通过实时监测、更新、分析抵押猪只的活体信息，强化了金融机构与企业之间的信息共享与互动，从而精准地满足了企业的融资需求，有效解决了抵押难、估值难及决策难的问题。该案例充分利用政策性保险和商业保险来对冲银行贷款风险，同时确保供应链企业实现贷款资金的专款专用与监管闭环，系统性地帮助金融机构降低放款风险，成功破解了小微企业和个体工商户在融资过程中面临的难题，有力推动了产业的转型升级。

（三）数字化气象服务智守"糖罐子"安全[①]

近年来，气象灾害高发，对广西甘蔗苗情长势、产量和砍收调度产生不利影响。广西气象部门通过建立甘蔗全生长周期数据采集智库，

---

① 本案例来自广西壮族自治区大数据发展局。

研发甘蔗智慧气象服务平台，实现了企业效益增加和蔗农收入增长，维护了国家食糖安全。

该项目围绕甘蔗全产业链智慧精准气象服务目标，通过打造"数据采集—技术研发—产业应用"甘蔗服务链，构建天基、空基和地基甘蔗生产数据立体监测体系，研发蔗糖产量预报技术和智慧精准气象服务技术，有效助力企业增益、蔗农增收。其中，全球甘蔗主产国蔗糖产量预报准确率高于美国农业部；分地块、分生育期智能精准灌溉明显提高了甘蔗肥料利用率，实现节水和降低人力成本；最佳砍收期预报支撑生产管理决策，使甘蔗增加约 1% 糖分，相关技术和服务成果获得 2022 年广西科学技术进步奖二等奖。

甘蔗智慧气象服务平台采用多元化的商业模式，实现社会效益与经济效益的双赢。包括：（1）订阅服务模式，可为蔗糖生产商提供定期的气象信息订阅服务；（2）定制化解决方案模式，根据蔗糖生产企业的具体需求和生产特点，为其量身定制数字化气象服务解决方案；（3）增值服务模式，提供气象相关培训和教育服务，帮助蔗糖生产企业员工了解气象知识，提高利用气象信息进行生产决策的能力；（4）合作模式，与蔗糖行业协会、政府部门合作，共享气象数据和分析结果，共同推动蔗糖产业的可持续发展。

从项目应用创新性上看，一是加密"空天地"立体观测网络，多源综合数据融入甘蔗生产全链条。基于卫星遥感、无人机遥感和地面观测，建立甘蔗全生育期生产信息立体观测网络，构建联合国际交换和涉农涉糖部门共享体系。二是做精关键技术服务产品，实现甘蔗生产数据要素全链条协同融合应用。集成利用相关技术成果，开发平台中试，深度加工生成蔗糖产量预报、甘蔗水肥一体化智能灌溉预报、甘蔗砍收入榨指数等数据产品，打通数据采集、加工、共享、应用壁垒。三是赋能"气象部门＋龙头企业＋基地（园区）"甘蔗气象服务双轨模式，充分发挥数据要素价值。联合大型糖企，建立贯穿甘蔗生长全过程的直通式气象服务模式，取得"气象信息＋规模化生产管理＋信息反馈与互动"链条式环环相扣的服务效果，实现蔗糖产业向智能精准服务模式转变，提高糖企应用气象资源防御避险效率，有效地发挥了甘蔗气象大数据价值。以决策、公益服务为主体，以探索甘蔗专业气象服务可行性为目标，初步形成"公益＋专业"双轨制服务模式，部门及用户取得预期经济效益。

从项目实效性上看，甘蔗水肥一体化智能管理系统，可提高糖料蔗肥料利用率 30%，节水 50% 以上，降低人力成本 80%；糖料蔗单产达 8.5 吨 / 亩，比常规种植高 4 吨，蔗糖分提高 0.5%；甘蔗气象服务新技术已推广应用至广西、云南主产区，糖料蔗每亩可节本约 270 元，增效约 2020 元，蔗农每年每户可增收 1 万 ~3 万元 [1]。

四、云南：强化科技创新，推动传统资源型产业提质升级

2022 年，云南省印发了《云南省数字经济发展三年行动方案（2022—2024 年）》，明确通过数字基础设施强基行动、数字经济园区优化提升行动、数字产业化提升行动、产业数字化融合行动、数字服务和治理提升行动、公共数据资源共享开放行动等措施，把数字经济打造成引领全省经济高质量发展的强大引擎。

---

[1] 《广西：数字化气象服务智守"糖罐子"安全》，《中国气象报》2024 年 5 月 21 日。

（一）建设数字云花平台，推动云南花卉产业繁荣发展[①]

数字云花平台由昆明国际花卉拍卖交易中心有限公司（简称昆明花拍中心）投资 1625.04 万元建成。平台以覆盖花卉供应链全链条的运营核心模式向产业上下游延伸，促进供需调配、精准对接，解决农业买难、卖难问题，实现农民增收致富。同时随着数据逐步开放，也为产业发展提供科学依据。

数字云花平台主要包括花卉种源大数据平台、花卉生产大数据平台、花卉流通大数据平台、花卉消费大数据平台、花卉结算金融平台。目前已建设完成数字展厅、新交易系统、数字平台，包括云花大数据、运营指挥中心、体验中心、云花大数据蓝图。云花大数据围绕智慧种植、智慧交易、国际市场数据收集、分析，并应用于产业链各环节，提升种植、冷链物流运输、交易等各环节效能。

数字云花平台是农业数字化的创新性项目，充分应用云计算、大数据、区块链等先进信息技术与行业相结合，通过以数字及物联网技术为支撑，以花卉交易为核心，构建面向数字经济时代的产业体系和基础设施，最终实现"互联网＋鲜花"产业的高效运行。随着数字云花平台的深化建设，未来平台将实现"生产服务＋商业模式＋金融服务"的数字生态，实现物流、资金流（新型供应链金融）以及信息流和花卉产业技术的服务角色在产业链上的生态支持以及数字化集成。

从经济效益看，2021 年，昆明花拍中心联结农户 15428 户，较 2020 年增长 24%；累计培育花卉品牌 5265 个，较 2020 年增长 14.18%；平台交易量 15.32 亿枝，较 2020 年增长 20.6%，交易额增长

[①] 本案例数据来源：《2022 年云南省数字应用典型案例 3—数字云花平台建设项目》，云南省发展和改革委员会官网，2023 年 2 月 3 日。

57.37%，户均增收约 16000 元。从社会效益看，充分利用云南花卉优势资源，实现一二三产大数据中心的融合联动，跨行业协同，让花卉种植农民随时掌握天气变化数据、市场供需数据、花卉作物生长数据等，实现花卉产品供需匹配、供需平衡，实现绿色生态农业良性循环，解决农业买难、卖难问题，实现农民增收致富。

（二）建设普洱林下中药材全产业链平台，提升林下产业效益 [①]

普洱林下中药材全产业链平台结合澜沧优质、闲置的 20 万亩松林资源，创新运用数字化系统助力朱有勇院士的林下三七成果转化，因地制宜发展林下产业，解决中药材提质增效的关键问题。项目总投资 1 亿元，主要应用于农业种植—林下中药材产业领域。

林下中药材全产业链平台主要建设数据大屏、认养 App、物联网应用场景、管理 App、展示层等模块，建设生产管理、成本核算、绩效管理、库存管理、质量追溯、业务流程体系、即时数据统计分析平台等子系统，打通了林下中药材种植从开垦、收获到仓储的业务流，实现集财务、采购、生产、库存等诸多业务单元于一体的精细化掌控。

平台将数据收集、整理、分析后，形成决策体系，为企业降低管理成本、增加存苗率、提高产值，有助于更好、更快地发展林下中药材产业。将原本靠经验的种植格局转变成精准管理、精准施策的种植模式。通过数据管理整理和分析，让天下没有难种的林地。催生林下数字化产业发展新业态、同一基地林下中药材多品种轮作新模式。

从经济效益看，一是优化资源分配，通过数据分析更好地进行资

---

① 本案例数据来源：《2022 年云南省数字应用典型案例 8—普洱市林下中药材数字化种植管理平台》，云南省发展和改革委员会官网，2023 年 2 月 7 日。

源分配，在集中发病季节、易发病地形实施精准管理；二是带动上下游产业发展，带动农业生产资料，如有机肥相关企业以及种植、采收、包装等环节企业的发展。

从社会效益看，一是提升了行业领域发展水平，通过数字化种植管理系统增加产量，降低成本；通过全产业链数字监控控制量，实现精准生产及加工；二是推动规范化标准化生产经营，形成数字化林下标准化种植管理企业标准，促进行业标准制定；三是带动就业效果明显，截至 2021 年底，澜沧田丰共计开垦数字化林下中药材种植基地 11 个，总面积 1500 亩，并全部应用自主知识产权的数字化种植管理系统，涉及 3 个乡镇、21 个村寨，用工 15000 余人次，工资发放共计 405.5 万元。

（三）建设中缅跨境物流智慧服务平台，助力云南现代物流业发展①

现代物流业作为云南省重点打造的 5 个万亿级支柱产业之一，是建设面向南亚、东南亚辐射中心，实现云南经济高质量跨越式发展的重要支撑。云南瑞和锦程实业股份有限公司（以下简称瑞和锦程）按照"立足滇西、辐射国内、连通缅甸、进入印度洋"的跨境物流发展战略目标，多年来积极与西南林业大学等高校合作共建，通过自主研发中心，持续开展中缅跨境物流智慧服务平台的建设工作。

瑞和锦程遵循中缅跨境物流智慧服务平台的顶层设计和建设规划，已建设应用信息系统 8 套、移动 App 7 款。其中包含公路运输、冷链物流、跨境物流、多式联运、铁路集装箱及口岸服务等业务，能够对各种形态的物流业务提供有力支撑，符合国家物流信息化有关标准和交通运输部《网络平台道路货物运输经营管理暂行办法》的要求。

① 本案例数据来源：《2022 年云南省数字应用典型案例 9—中缅跨境物流智慧服务平台》，云南省发展和改革委员会官网，2023 年 2 月 7 日。

一是研发并建设跨境物流智慧服务平台。用于支持跨境物流业务、园区管理及口岸业务的线上运营管理，实现跨业务类型、跨企业、跨国的数据集成与融通。

二是研发并建设多式联运平台。用于支撑滇西铁路运抵，并通过转公路运输，最终从陆路口岸出境，通过仰光港口出海，进入印度洋远洋运输，支撑全流程的业务追踪和管理。探索以信息化为支撑、集装箱为载体的跨境公路集装箱多式联运新模式。

三是研发并建设境外运输追踪系统。应用北斗定位、GPS、跨国网络通信、海关智能锁等技术，研发和建设基于智能跟踪定位技术的跨境运输追踪系统，完成跨境物流运输全过程中车辆、集装箱、货物、园区、口岸之间的无缝追踪，实现物流的智能化管理，提高物品管控力度和防盗安全强度。

从经济效益看，一是增加地方财政收入。2020年以来，通过信息化建设和运营，已累计上缴地方财政税费达1.55亿元。二是推动跨境业务增长。2022年恢复口岸通关以来，新的业务模式带来跨境运输业务收入9484万元，利润306万元。三是推动司机合规经营。2021年6月以来，平台代开司机运费专票12.56万份，累计金额4.25亿元，上缴税费472万元。四是推进效率提升。通过网络货运组织，车辆利用率提升约50%，平均等货时间由2~3天缩短至8~10小时，司机月收入增加30%~40%[1]。

从社会效益看，一是开辟了物流新通道。跨境物流专线建成后，大幅度降低国内至印度洋及欧洲的物流成本，同时规避了马六甲海峡困局。二是提升了行业监管水平。全程数字化监管流程为政府提供更

---

[1]《数字经济推动昆滇产业"脱胎换骨"》，《昆明日报》2022年12月19日。

多运营数据，更好地实现对物流行业的监管。三是助力口岸高效通关。为进出口贸易通关全流程提供信息化支持，有效提高口岸通关的便利性，通关效率明显提升。

（四）玉溪建设区块链产业金融服务平台，助力传统产业转型升级[①]

基于玉溪市与京东的"互联网+"新经济战略合作，双方共建了云南省首个区块链产业金融服务平台。该项目运用"区块链+大数据"等核心技术，基于"互联网+普惠金融"的创新服务理念，构建起一套"银行—政府—企业"高效对接体系，为玉溪中小企业发展提供有力的资金保障，助力玉溪市的传统产业实现快速转型升级[②]。

平台建设内容主要包括"1库2平台"。"1库"指企业全息数据库，包含企业数据与金融服务数据标准、规范、数据采集与处理等模块；"2平台"指大数据企业信用管理子平台和智能信贷撮合服务子平台。大数据企业信用管理子平台主要实现企业的自动信用评估报告、企业融资需求与金融产品的精准匹配、企业评级、企业的风险预警等功能。智能信贷撮合服务子平台主要覆盖产融综合服务的所有业务活动，满足政府、企业、金融机构等不同部门和机构的业务需要。平台以区块链技术为核心，以大数据、云计算、模型引擎等新技术为支撑，以税务数据为基础，整合政务、金融、工商、司法、征信等多维度数据，确保数据真实可信、不可篡改。平台总体架构划分为前台业务、后台管理、数据专题库三大板块。

平台经过两年的运营，经济效益逐渐凸显，具体表现在以下几个方面。一是极大地提升了银行信贷授信的安全性和时效性，最高融资

---

① 本案例数据来源：《2022年云南省数字应用典型案例10—玉溪市区块链产业金融服务平台》，云南省发展和改革委员会官网，2023年2月7日。

② 《云南玉溪区块链平台促成融资逾93亿元》，《中国经济导报》2021年8月25日。

金额达 17.7 亿元，融资最短时间仅需 3 天。二是改变了以往传统银企对接的模式，通过为入驻金融机构持续不断提供中小微企业经营和信贷需求信息，不仅解决了银企信息不对称问题，提升了双方的对接效率，同时反向推动了金融部门不断优化信贷产品，有效推动金融信贷支持市场主体发展。

五、陕西：数字经济引领高质量发展，打造西部新高地

近年来，陕西省在数字经济领域取得了显著进展，通过数字基础设施建设和政策支持，数字经济已成为推动现代化产业体系与新质生产力培育的关键支撑。2023 年，陕西省数字经济规模超过 1.4 万亿元，占全省 GDP 的比重已超 40%。在"一带一路"倡议的推动下，陕西深化国际合作，构建了具有国际竞争力的数字经济体系，成为西部地区数字化转型和新质生产力发展的典型案例[①]。

（一）加快数字基础设施建设

陕西围绕国家数字经济发展战略，全面推进数字经济和新型数字基础设施建设，以推动新质生产力为目标，强化数字技术对经济高质量发展的支撑作用。通过加快信息网、算力网、物联网的建设升级，陕西构建了智能化、综合性的数字信息基础设施体系，为科技创新和产业转型提供了坚实的基础，并通过推进"三网两平台"建设和数实融合，持续为经济高质量发展和新质生产力的培育注入强劲动力。

1. 数字经济规模迅速扩大，助力高质量发展

不断壮大数字经济发展规模，将数字技术深度融入经济社会发展

---

① 《学习贯彻党的二十届三中全会精神：打造数智化引擎 抢滩数字经济"新蓝海"》，陕数协公众号，2024 年 8 月 16 日。

各个领域。在党的二十届三中全会精神指引下，陕西省正全面推进新一代信息技术的全方位应用，加速打造具有国际竞争力的数字产业集群。一是紧抓人工智能这一新兴数字产业的核心引擎，坚定推动数字经济规模扩展与高质量发展。陕西通过大力推动数字产业化和产业数字化进程，积极把握人工智能发展的新机遇，重点在智能软硬件、工业机器人、智能网联汽车等领域开发一批具有竞争力的人工智能产品，培育形成优势产业集群。通过持续加大人工智能芯片和硬件产品的研发投入，推动"5G+ 云 +AI"技术的深度融合，促进人工智能创新平台建设，同时积极规划和推广"AI+"赋能的合作项目，加速推进西安国家新一代人工智能创新发展试验区的建设。力争到 2025 年，形成 30 个具有示范意义的人工智能行业应用案例。进一步巩固其在全国人工智能领域的领先地位。二是积极利用数字化赋能文旅产业的战略机遇，通过财政强化项目带动，布局建设元宇宙数字文旅产业。陕西通过统筹 1.85 亿元专项资金[①]，支持丝路欢乐世界、铜川花月荟等文旅精品项目建设，进一步丰富和壮大全省 239 个产业链项目；安排 1300 万元专项资金，对文旅重点产业链建设项目的贷款及融资工具给予贴息补助，切实减轻企业融资负担；同时，投入 2100 万元资金，创建国家级旅游度假区和文旅消费集聚区，推动文旅消费持续增长；陕西着力做强市场主体，重点支持布局沉浸式、VR/AR、元宇宙等数字文旅产品的企业，培育更多创新能力强、市场竞争力高的专精特新文旅企业，全面提升文旅产业的整体水平，助推全省文旅产业高质量发展。

---

① 《陕西：统筹 1.85 亿元，布局建设元宇宙数字文旅产业》，西安市文化创意产业协会公众号，2024 年 7 月 24 日。

2. 新型数字基础设施扩容提速，助力科技创新

全面推进新型数字基础设施建设，强化数字技术自主创新，积极拓展数实融合的广域空间。陕西省紧抓数字经济发展机遇，以实现全省数字经济的高质量发展和产业转型升级。一是按照地空一体、绿色智能、泛在可及的原则，积极推进"三网"建设[①]。陕西省在信息网络建设中注重空地一体化，既加快"双千兆"网络和5G配套设施的建设与IPv6应用基础设施的改造，又加强塔杆资源的开放共享，持续提升网络覆盖的广度、深度和互联互通能力。同时，稳步推进北斗定位、卫星遥感、地理信息等时空基础设施的建设，加快省级北斗导航定位与位置服务网络系统的升级。算力网络建设则注重绿色智能化发展，视算力为集信息处理、数据存储、网络传输于一体的新型生产力，统筹考虑环境能耗、综合成本和产业基础等因素，融入全国一体化大数据中心协同创新体系及"东数西算"工程。二是协同推进"两平台"建设。陕西省致力于打造新技术支撑平台和各类试验验证平台，进一步完善数字基础设施建设。在新技术支撑平台建设中，遵循"政府引导、科研机构推广、运营商支持、企事业单位应用"的运行模式，积极构建面向人工智能技术的基础数据平台、多行业应用的开源平台以及区块链平台，为新兴技术的广泛应用提供坚实支撑，推动全省数字经济的高质量发展。

（二）技术赋能产业转型

在国家数字经济战略的引领下，陕西省聚焦创新驱动，加快推进数字技术在产业链中的应用和推广，推动全省产业链的全面升级

---

① 《着眼高能级承载 推动数字基建扩容提速——论认真学习贯彻全省数字经济发展大会精神》，《陕西日报》2023年12月2日。

和优化，同时积极发展航空产业和低空经济，推动新兴产业的加速崛起，进而构建多层次、全覆盖的产业生态体系，助力新质生产力的发展。

1.聚焦关键技术研发，推进数字产业链升级

加快推动关键技术研发，全面推进现代化产业体系建设。一是依托秦创原创新驱动平台及陕西省内高校和科研院所的优势资源，集中力量攻克新型大带宽信号处理、大容量存储器设计、高端数控系统等关键核心技术，并前瞻性布局 6G 通信、太赫兹通信、类脑计算、神经芯片等前沿技术领域，着力抢占未来技术发展的战略制高点。这些技术的突破不仅为陕西省数字产业链的升级提供了强大的技术支撑，还使陕西在全国数字经济版图中占据了战略性位置，为全省经济的可持续发展奠定了坚实基础。二是深入推进重点产业链"链长制"，加快推动半导体、集成电路、新型显示、智能终端、太阳能光伏、物联网、智能传感器、增材制造等关键领域的数字产品制造业迅速发展。通过持续提升产业链的配套能力，陕西力争在 2025 年前将全省打造为全国重要的数字产品制造业基地。

2.推动航空产业发展，培育新质生产力

低空经济作为战略性新兴产业，是培育和发展新质生产力的关键方向。陕西作为我国航空产业的重要集聚区，科教资源丰富，航空产业人才富集，发展低空经济具有巨大的优势。近年来，陕西紧紧围绕国家战略需求，致力于将低空经济作为培育新质生产力的重要方向，积极推动航空产业链的升级和现代产业体系的构建。陕西依托其强大的航空航天基础和科技创新能力，积极推动低空经济的发展。

一是为进一步推动低空经济，陕西通过新型研发机构的建设，填

补传统科研院所与市场之间的空隙。以陕西空天动力研究院为代表的新型研发机构，集技术研发、成果转化、企业孵化和金融投资于一体，形成了"基础研究—技术开发—企业孵化—金融支持"的全周期科技创新模式，推动了航空航天上下游产业链的发展，助力企业度过"死亡谷"阶段，形成了一批核心竞争力强的产品，如"红龙一号"火箭发动机。

二是西安正在加快商业航天产业聚集区的建设，吸引了大量技术创新企业入驻，并形成了涵盖卫星研发、组网、管理及数据应用的全产业链，通过利用西安的科研和人才优势，快速发展高光谱卫星技术，并计划在2030年前完成108颗卫星的全球组网，进一步巩固西安在商业航天领域的国际地位。

3.提升产业集群化能级，推动新兴产业纵深发展

在推动新质生产力发展的过程中，陕西省致力于提升新兴产业的集群化发展水平，进一步推动新兴产业向纵深方向发展，强化区域竞争力。

一是围绕智能终端、物联网、新型显示等具有核心竞争优势的新兴产业集群，深入推进集群提质工程和跃升行动。通过强化关键技术的研发与应用，加快补齐集成电路、关键软件、高端装备等产业链短板，制定"一群一策"的精准规划方案。

二是陕西省积极推动新兴产业的跨界融合，依托"人工智能+"应用示范、工业互联网平台和西咸新区·秦汉自动驾驶产业园等跨界融合项目，深化工业战略性新兴产业与现代服务业的深度结合。通过推进这些融合应用的试点示范，陕西加快新兴产业的数字化进程，推动新质生产力在融合模式下的培育与壮大，实现产业创新发展。

六、新疆：以数字经济驱动特色产业集群培育

近年来，新疆在数字经济领域取得了显著成就，通过全面推进数字基础设施建设和产业数字化转型，积极融入"东数西算"国家战略，促进数实融合，推动了经济的高质量发展。2022 年，新疆实现数字经济产业主营业务收入 1590 亿元，同比增长 43%。2016—2021 年，新疆数字经济规模从 2048.68 亿元增长到 4255.70 亿元，年均增长 15.7%；数字经济规模占 GDP 比重逐年提升，从 2016 年的 21.30% 提升至 2021 年的 27.36%。

（一）加快数字经济产业布局

新疆紧抓数字经济发展机遇，积极推动数字经济产业的全面布局。深刻认识算力网络作为数字经济发展"底座"的重要性，不断深入推进数字基础设施建设，围绕"东数西算"国家战略，积极布局信息网、算力网和物联网，加速推动数字化转型。

1. 聚焦数字经济，打造全疆领先的数字化发展高地

一是紧扣数字经济发展战略，通过产业数字化和数字产业化的双轮驱动，推动传统产业向高端化、智能化转型，并积极培育以云计算、大数据为核心的新一代信息产业。乌鲁木齐市通过建设一系列数字产业承载园区，如新疆软件园、天山云计算产业基地和新疆国际电子商务产业园，吸引了华为、海康威视、科大讯飞、长城科技等一批知名数字经济企业的入驻，为全市乃至全疆的数字经济发展注入了强劲动力。

二是壮大产业生态，积极引导企业进行智能化转型，推动数字经济与新一代信息技术企业的高质量发展，增强整体产业竞争力。通过

建设碳和水冷数据中心等先进的数字基础设施，克拉玛依市在全疆范围内率先开展了人工智能全产业链的开发，着力推动"AI+"应用创新示范区的建设。

2. 布局算力网络，提升数字经济承载力

新疆积极融入"东数西算"工程，统筹布局覆盖全疆的算力网络。一是推动在乌鲁木齐、昌吉、克拉玛依等地云计算和大数据中心建设，逐步形成了以乌鲁木齐为核心的算力网络体系和全省范围内算力资源的高效调度与协同发展，构建核心算力节点和边缘算力节点相结合的"2+16+X"和"1+3+X"算力网络格局，通过不断提升算力供给能力，为各行业数字化转型提供了强大的算力支撑。

二是积极推动算力应用的落地，通过政务云、城市云、工业互联网云等多种云服务的推广和应用，推动全省产业数字化进程。2022年，新疆投用数据中心达到17个、机架2.2万余架，其中，克拉玛依市云计算产业园规划标准机柜规模为18万个，已建成8万余个，云计算能力和数据存储能力位居中国西北前列。

3. 推动工业数字化转型，提升智能制造水平

新疆通过"5G+工业互联网"的深度融合，推动工业企业向智能制造转型升级，提升生产效率和市场竞争力。通过数字化改造和工业互联网平台建设，新疆企业实现了从传统制造业向"制造+服务"的转型，显著提高了生产效能。

一是深化5G应用，构建智能制造新模式。新疆大力推进5G技术在工业领域的应用，促进5G与工业互联网的深度融合，为制造业的数字化、智能化升级提供了强大的技术支持。全疆首家5G工业物联网产业园和多个智能制造示范项目的建设与投运，使"乌鲁木齐智造"插上"5G+工业互联网"的翅膀。

二是推动智能工厂建设，增强制造业核心竞争力。新疆大力推进智能工厂的建设，在重点制造业领域，如广州汽车集团乘用车有限公司新疆分公司、双钱集团（新疆）昆仑轮胎有限公司等企业中，推广智能制造技术，推动生产过程的自动化和智能化。

三是拓展"制造＋服务"模式，实现全产业链数字化。随着工业互联网的深入应用，新疆的制造企业正从单纯的制造业向"制造＋服务"模式转型，实现了全产业链的数字化管理。通过建立数字工厂，打通了生产、销售、管理及产业链上下游企业的各个环节，对全产业链的掌控力显著提升，极大地提高了工厂的运营效率。

（二）推进新疆特色现代化产业体系建设

近年来，新疆通过高质量建设"八大产业集群"，全面推进新质生产力的发展。新疆坚持将高质量建设全国能源资源战略保障基地作为发展新质生产力的重要牵引，着力在传统产业的转型升级和新兴产业的培育壮大上下功夫。通过绿色低碳技术的引入和科技创新的推动，新疆加速了产业集群的成形，逐步实现了传统产业的"老树发新枝"和新兴产业的"新苗扎深根"。

1. 传统能源领域与新能源产业并驾齐驱，构建全国能源资源战略保障基地

新疆在推动传统能源领域转型升级的同时，大力发展新能源产业，双轮驱动构建全国能源资源战略保障基地。

一是依托丰富的油气资源，不断突破深地技术难关，提升我国能源自主保障能力，也为新质生产力的发展提供了坚实的技术支撑。新疆在煤炭资源的综合利用上不断创新，建成了准东、哈密两个亿吨级煤炭生产基地，并大力发展煤化工产业链，打造煤制油、煤制气、煤制烯烃等高端煤化工产业集群，推动传统能源产业向绿色低

碳、高附加值方向转型。

二是积极布局新能源领域，充分利用得天独厚的光照、风能资源，加速推进光伏、风电产业的发展。2023年以来，乌鲁木齐依托"南风北光"资源，加快建设米东区北部沙漠2000万千瓦级光伏基地、达坂城区和乌鲁木齐县1000万千瓦级风电光伏基地，推动新能源产业快速发展，新增投资和并网规模成倍增长，预计2025年产业规模可突破百亿元。

2. 聚焦特色产业优势，形成集群发展模式

新疆凭借其丰富的资源、优越的政策支持以及独特的区位优势，围绕"八大产业集群"实施精准布局，通过挖掘传统产业潜力和培育新兴产业，推动形成集群化发展的新质生产力。

一是以"一带一路"核心区为依托，新疆不断拓展开放型经济的层次，因地制宜推动乌克昌、南疆、东疆、北疆4个片区的新兴产业发展，为新质生产力的培育提供了新的动能。同时，新疆加强开放合作，积极融入"一带一路"倡议，加快构建区域经济发展新格局，为新质生产力的提升提供了广阔的空间。2023年，新疆外贸进出口总额达到3573.3亿元，增速居全国第二，展现了强劲的外贸活力。霍尔果斯口岸等主要出口通道通过优化通关方案，加速风电设备等高技术含量产品的出口，进一步扩大了新疆在国际市场的影响力。

二是积极探索和打造区域发展新优势。依靠科技创新，新疆通过改造提升传统特色产业，为新质生产力的发展注入了强劲动力。在克拉玛依高新技术产业开发区，曾被视为废料的劣质重油通过创新技术转化为高附加值的工业原料，服务于高端装备制造业。克拉玛依洁净能源国家实验室筹建了能源化工领域的科技研发支撑平台，推动创新成果快速转化为产业化应用，提升了油气产业的整体竞争力。同时，新疆油田通过大规模油气生产物联网的建设和应用，实现了"无人值守、远程监控、按需巡检"的智能化管理，大幅提高了生产效率。在新兴产业方面，新疆大力推动战略性新兴产业的发展，加快培育未来产业，形成新的经济增长点。通过强化科技创新平台建设、引进高层次人才以及优化对外开放环境，新疆有效推动了特色产业的转型升级和新质生产力的发展，逐步形成了具有区域特色的现代化产业体系。

第七章

东北地区

一、辽宁沈阳：培育新兴产业，积蓄发展新势能

沈阳发挥科教资源富集、工业门类齐全的优势，向"新"而行，提"质"转型，聚焦"硬核"新兴产业，促进产业链升级，培育未来发展新动力，汇聚形成老工业基地新质生产力的簇簇星火。2023年沈阳技术合同成交额636.2亿元，同比增长41.4%，科技型企业达到21911家，比上年末增长42.6%，以科技创新为主导的高端装备占装备制造业比重达到35%，新一代信息技术、航空航天、集成电路等新兴产业实现10%以上的增长，数字产品制造业、服务业营业收入分别增长19.3%和12%。

（一）发展壮大战略性新兴产业蓄"新"力

战略性新兴产业是沈阳培育新质生产力的重要动力源。近年来，沈阳坚持以科技创新促进产业创新，加快推动产学研用结合和技术成果转化，实施"制造业重点产业集群高质量发展行动"，制定行动方案和产业地图，推动企业、项目、产品、技术、园区等清单化管理，促进产业成链成群，培育壮大了一批战略性新兴产业，形成了新能源、高端装备、集成电路、航空等战略性新兴产业集群，培育了以新松公司、三生制药、芯源微电子等为代表的一批龙头企业。

在发展路径上，沈阳依据"优势+高成长"类型划分，构建了战略性新兴产业培育梯度，集中力量打造两大类重点产业集群。第一类

是既具有领先优势、又具备一定规模效应的千亿级战略性新兴产业集群，如汽车、高端装备、新一代信息技术、航空航天等。第二类是新能源、生物医药及医疗装备、集成电路、新材料、节能环保等兼具高成长性和辐射效应的百亿级产业集群。

在发展方向和重点上，沈阳针对不同产业集群，制定了差异化的实施方案。围绕高端装备制造产业，沈阳重点发展机器人、高端数控机床、关键基础零部件、大型成套装备、重矿装备和电力设备产业，持续提升市场占有率。围绕推进新能源汽车全产业链发展，沈阳依托华晨宝马等重点企业，持续做大做强新能源汽车产业，超前布局氢燃料汽车配套产业。围绕做大做强航空产业，沈阳北部重点推进沈飞航空配套产业园建设，南部重点推进沈阳航空动力产业园建设，积极争取航天科技、航天科工等央企扩大在沈布局。围绕新一代信息技术产业，沈阳大力争创"中国软件名城"，完善国际软件园生态体系，每年投入 1.5 亿元资金专项支持软件产业发展。围绕新能源及节能环保产业，沈阳加快"源网荷储"一体化和"风光氢"多能互补发展，推进制氢、储氢、输氢、用氢等氢能全产业链发展，着力打造"储能之都"。围绕生物医药及医疗装备产业，沈阳聚焦生物药、化学药、中药三大重点领域，提高抗体药物、肿瘤免疫治疗药物、疫苗等的研发和制备水平，重点在高端医学影像设备、手术机器人等领域培育一批优质企业。围绕集成电路装备产业，沈阳组建辽宁集成电路装备及零部件产业创新中心，积极争创国家级集成电路整机装备和关键零部件科技创新平台。围绕新材料产业，沈阳聚焦航空航天、燃气轮机、核电装备等发展需求，开展金属新材料产需协作和配套对接，加快发展碳化硅、功能陶瓷等无机非金属产品，壮大碳纤维生产、应用产业链条。

（二）前瞻布局未来产业蓄"新"能

培育未来产业是促进科技进步、引领产业升级、发展新质生产力的关键举措。近年来，沈阳结合地方实际和产业优势，提出加快培育未来产业，聚焦未来网络、未来信息、未来智能、未来健康等，加快布局智能网联汽车、人形机器人、人工智能、元宇宙、基因与细胞等未来产业，制定实施未来产业发展规划，形成更多新质生产力，抢占新一轮科技和产业发展制高点，建设未来产业创新策源地和发展高地。沈阳部分未来产业培育重点如下。

一是加快培育智能网联汽车产业。沈阳以大东区为重点，着力打造东北首个智能网联汽车商用区，构建完善的智能网联汽车生态。加快部署摄像头、雷达等"多杆合一"的智能网联综合杆，统一标准的云控平台和智能网联智算中心等基础设施，计划建设智慧道路 100 公里以上，推动自动驾驶出租、无人物流等场景开放运行，吸引智能网联汽车研发和生产企业落地。

二是加快开发人形机器人产业。沈阳重点推进仿生人形机器人产业规划布局，重点发展智能交互系统、新材料仿生皮肤等核心技术，积极推进智能仿生人形机器人等产品研发生产；开展智能医疗引领计划，推动新松、中国科学院沈阳自动化所开展手术机器人、康复机器人等核心技术联合攻关；实施智能家居推广计划，推出满足教育、娱乐、家庭服务等需求的智能家用机器人。

三是提升人工智能产业能级。沈阳加快建设国家新一代人工智能创新发展试验区，积极融入"东数西算"战略布局，提高沈阳人工智能计算中心、百度智算中心等算力中心能级，满足大规模 AI 算法计算、机器学习等需求。同时，通过"揭榜挂帅"等形式推进复杂动态场景感知与理解等关键技术实现突破，力争在"十四五"末全市人工智能算力突破 1200P。

四是积极布局元宇宙产业。沈阳实施元宇宙领航企业引育计划，开放城市元宇宙创新典型场景，支持有影响力的元宇宙企业或机构来沈设立总部、研发中心等，重点打造和平区五里河元宇宙创新基地和皇姑区百度元宇宙数字产业基地，推动中国计算机学会（CCF）东北创新综合中心等创新中心建设，加快推进 NFT、VR/AR、脑机接口等领域关键共性技术开展协同攻关。

五是发展基因与细胞产业。沈阳聚焦基因诊断及设备、基因治疗、细胞治疗等领域，重点突破，推动沈阳细胞中心、辽宁医学诊疗中心等成果转化初创企业发展壮大，重点发展眼科生物材料、眼科智能设备、眼科创新药物等领域。

同时，沈阳从规划编制、组织领导、产权维护等多方面，综合施策，营造促进未来产业发展的良好环境。

一是加强顶层设计。编制《沈阳市未来产业培育和发展规划（2018—2035 年）》，以未来生产、未来交通、未来健康 3 个主导产业和未来信息技术、未来材料 2 个赋能产业为重点，构建"3+2"未来产业体系结构，并明确了 17 个发展重点领域。

二是加强组织领导。成立沈阳市未来产业培育和发展工作领导小组，由市政府主要领导担任组长，相关部门和各地区负责人为成员。成立设在市科技局的未来产业发展推进办公室，具体负责日常工作。同时，根据未来产业发展的重点领域方向，成立了未来生产、未来交通、未来健康、未来信息技术、未来材料等 5 个专项工作组，负责制定各产业发展方案并推进具体工作（见表 7–1）。

三是注重借鉴外脑。聚焦重点产业领域，组建由国内外知名专家、学者、企业家等组成的专家咨询委员会，指导沈阳未来产业发展的相关政策、规划制定和项目推介等，评估各项目的进展成效。

表 7-1 沈阳市未来产业发展重点领域

未来产业	重点领域
未来生产	智能机器人、增材制造、智能制造系统集成 3 个产业重点领域
未来交通	智能网联汽车、通用航空、智慧交通 3 个产业重点领域
未来健康	生命科学、生物技术、智能医疗 3 个产业重点领域
未来信息技术	人工智能、工业互联网、区块链 3 个产业重点领域
未来材料	储能材料、航空材料、半导体材料、纳米材料、防腐材料 5 个产业重点领域

资料来源：《沈阳市未来产业培育和发展规划（2018—2035 年）》。

四是强化知识产权的创造、管理和保护。重点加强未来产业重点领域关键核心技术知识产权储备，形成以产业化为导向的专利矩阵。组建沈阳市知识产权保护联盟，培育一批具备知识产权综合实力的优势企业，推动高校、院所、企业协同开展知识产权运用。建立健全行政执法、维权援助工作体系，加大执法打击和维权服务工作力度，研究制定降低未来产业知识产权申请、保护及维权成本的政策措施。

（三）厚植新质生产力发展土壤蓄"新"势

拥有良好的创新生态，是培育发展新质生产力的前提条件。近年来，沈阳牢牢扭住自主创新这个"牛鼻子"，聚焦促进创新链、产业链、资金链、人才链"四链"深度融合，统筹创新空间、创新平台、创新生态、创新人才等工作，推动科技教育人才一体化发展。主要做法如下。

一是构建高水平创新空间。加快建设浑南科技城，聚焦先进材料、智能制造、信息技术、生命健康、数字文创等主导产业创新方向，打造科技创新策源地、新旧动能转换发动机、新质生产力发展示范区。

加快建设沈北科教融合园，发挥沈北大学城、职教城的教育、科技、人才资源集聚优势，加快数字汇客厅、航空产业创新港等项目建设进度，打造新兴产业策源地、动能转换新高地、协同创新首选地、青年人才聚集地。推动"三区"高质量错位发展，沈阳高新技术产业开发区重点发展智能制造、先进材料、新一代信息技术、生命健康、文化创意等产业，打造创新驱动发展示范区和高质量发展先行区；沈阳经济技术开发区重点打造高端装备制造产业集聚区；沈阳辉山经济技术开发区重点发展食品医药、装备制造、文化旅游等产业，建设沈阳现代化都市圈一、二、三产业融合发展示范区。实施科创组团提质增效行动，高水平打造科创街区、科创园区，实施平台集聚、载体升级、科技招商等八大重点行动，重点推动中关村科技产业创新园区等建设。

二是打造"四链融合"创新生态。建强"产业链"，积极培育制造业"链主"企业，复制推广沈鼓集团等经验，推动全市制造业"链主"企业建设"整零共同体"，整合产业上下游优秀企业以及科研资源，实现制造业整机企业与零部件商协同研发、协同生产、协同市场、协同转型。撬动"资金链"，推动银行设立全省首个科技金融中心，鼓励辖区内银行打造科技评价专业体系，优化授信审批流程。优化"一园区一基金一银行"供应链金融保障机制，实现园区内头部企业与扶持基金、金融机构的精准对接。强化"人才链"，培养引进高层次人才，按照"一院士、一平台、一园区、一基金、一服务"模式，着力引进两院院士等战略科技人才、产业高端人才，积极引育青年科技人才、一流科技创新创业团队。依托离岸创新基地、欧美同学会等交流渠道，拓展海外人才联络资源。打造优秀工程师队伍，推动高校和企业开展联合培养，储备一批工程技术人才、工程科学人才和卓越工程师，编制发布急需紧缺人才目录，引导各类培训资源有针对性地培养急需紧缺技能人才，加大"双元制"教育改革创新力度，强化高技能人才激励，强化技能竞赛品牌建设。激活"创新链"，推进现有省级以上创新平台开放共享和企业技术中心梯度培育，以高水平创新平台驱动产业链高质量发展。

三是加快科研成果落地转化。大力发展新型研发机构，支持沈阳产业技术研究院建设发展，引导新型研发机构建立市场化的商业模式、人才激励制度、薪酬分配制度，强化新型研发机构在技术研发、成果转化、人才培养、技术服务等方面的能力。支持中试基地建设，支持辽宁中化沈化院化工新材料中试基地、辽宁沈阳数字产业中试基地等发展，鼓励头部企业联合高校院所建设科技成果转化中试基地，开展中试试验、技术熟化和工程化研究，与企业协同研发契合实际需求的科技成果。提高成果转化服务能力，加强东北科技大市场、沈阳技术产权交易中心建设，加强技术转移管理人员、技术经纪人、技术经理人等人才队伍建设，提升成果转化服务能力，支持企业开放应用场景，吸引省内外高层次人才（团队）成果本地转移转化。提升创新创业载体孵化能力，推进"专业化众创空间—高质量孵化器—加速器—产业园"的创业孵化体系建设，支持科创组团、大学科技园、产业园区提升成果转化、创业孵化、资源集聚等方面创新潜力。

四是加快传统制造业数字化、网络化、智能化改造。加强数字化转型赋能，实施企业"两化"融合管理体系标准建设与推广行动，为制造业企业精准开展数字化转型诊断服务。加快建设中小企业数字化转型试点城市，以国家标准提升引领传统产业优化升级，推动"链式"数字化转型。加快网络化融合提效，推动"5G+工业互联网"融合发展，做大做强工业互联网平台，形成区域服务能力。促进智能化升级示范，实施制造业智能转型示范行动，鼓励企业创建"灯塔工厂"、智能工厂，推动工业企业采用智能装备、先进工艺和信息化管理系统等方式进行技术改造，促进各生产环节的智能协作与联动，实现研发、制造、仓储、物流等系统集成。

二、吉林省：找准细分优势，率先实现四大战略突破

（一）深挖传统优势，锻强四大战略新兴产业

1. 加快新能源与汽车产业转型

吉林省在新能源与汽车产业方面正处于转型升级的关键时期，力争到 2025 年新能源汽车产销量超 145 万辆。奥迪一汽新能源项目和一汽弗迪新能源动力电池项目不仅体现了从传统汽车制造向电动汽车的战略转移，还强调了提升整车及关键零部件的制造能力。通过大型项目的推进，如红旗新能源繁荣工厂和奥迪一汽新能源汽车项目，吉林省成功吸引了全球顶级企业，进一步加强了产业集群的竞争力。这种转型是对全球汽车市场日益增长的环保要求和新能源车需求的直接回应。同时，这也符合国家对汽车产业未来发展的战略规划，即通过技术创新和产业升级推动环境友好型和资源节约型社会的建设。

2. 推动碳纤维和新材料产业"拔尖"发展

碳纤维作为"黑色黄金"，在高性能材料领域占据了至关重要的地位。吉林化纤集团在碳纤维的生产技术上实现了突破，并在应用领域进行了全产业链的布局。吉林化纤集团通过实施"四型创新"策略——客户为中心型、效率驱动型、工程技术型、基础研发型——在纤维产品行业实现了显著的发展和市场领导地位。这一策略旨在推动产品高端化、智能化和绿色化，从而确保持续的行业领先和市场扩展。2023 年该集团启动的年产一万吨超细旦连续纺长丝项目，于 2024 年 3

月成功投产。该项目实现了丝筒的大型化、匀质化、细旦化和连续化，显著提升了产品的织造效率和市场竞争力。在产业创新方面，实现了腈纶纤维的差别化迭代升级和华绒纤维的国外推广。该集团以联盟化方式运作，竹纤维专利产品年产能达到 15 万吨，国际市场占有率高达90%，是全球竹纤维市场的主导者，现为全球最大的人造丝、腈纶纤维、竹纤维生产基地。产品销往亚洲、欧洲、美洲、非洲等地区 16 个国家及国内 20 多个省（区、市）。吉林化纤集团计划继续扩大其在新材料和新技术领域的影响力，特别是通过即将投产的 15 万吨差别化腈纶项目，将提升其年产能至 53 万吨，进一步巩固其在全球纤维市场的领导地位[①]。

3. 加快航天信息科技创新优势向产业优势转化

"吉林一号"卫星的成功发射标志着吉林省在航天信息产业方面取得了显著成就。该项目不仅推动了地区航天制造业的发展，更重要的是形成了从制造、发射到数据服务的完整产业链。这一成就不仅提升了吉林省在国内外航天领域的竞争力，也为地方经济的多元化发展提供了新的增长点。通过这些技术创新和产业布局，吉林省能够更好地参与到全球航天市场中，提供更多基于卫星的应用服务，如遥感监测、环境监测、城市规划等，从而带动相关高技术产业的发展[②]。

4. 实现氢能源产业优化布局与创新突破

吉林省把氢能源技术的开发和应用视为推动地区产业升级和能源结构调整的关键。通过这种新能源技术，吉林省不仅能够提升其在全球轨道交通市场的竞争力，还可以促进可持续发展目标的实现。全球

---

① 《吉林化纤：以"四型创新"为驱动 实现纤维产品行业领跑》，吉林新闻联播公众号，2024年 4 月 9 日。

② 《吉林：加快推动全面振兴、全方位振兴》，中国政府网，2022 年 7 月 17 日。

首列氢能源市域列车由中车长春轨道客车股份有限公司（以下简称中车长客）研发，采用了氢燃料电池和储能电池的混合动力供电方式。这种供电方式突破了传统依赖地面电网的限制，提供了更环保、更高效的动力解决方案。该列车可以在没有外部电源的情况下独立运行，续航里程可达 1000 公里以上，每公里的平均能耗仅为 5 千瓦时。中车长客将继续深入探索轨道交通车辆的氢能技术，完善氢安全监测防护技术，并与产业链上下游协同，完善应用配套基础设施，构建氢能轨道交通应用标准规范体系。这一系列措施将推动氢能轨道交通车辆的广泛应用。

（二）营造宜创环境，聚力领跑关键细分领域

1. 环境营造与项目引领

吉林省狠抓重大科技项目，聚焦优势细分科研领域，强化全球领先地位。2023 年末，《全球科技创新中心 100 强（2023）》和《中国科技创新中心 100 强（2023）》正式发布，长春在全球科技创新中心中综合排名第 96 位，首次进入全球百强榜，在国内排名第 21 位，列东北地区首位。全球知名学术出版机构施普林格·自然在线发布《自然》增刊《2023 自然指数—科研城市》，其中全球领先科研城市及都市圈最新名单显示，长春位列第 31 位，吉林省科技型中小企业数量增长达 150.3%[①]。一是在空间利用领域，"吉林一号"卫星星座成功实现了"百星飞天"，大幅增强了遥感监测和数据服务的全球能力。此项目不仅扩大了地理信息系统的应用范围，还为环境监测和城市规划等领域提供了支持。双飞翼垂直起降固定翼无人机的全球首创，进一步拓展了无人机技术的应用领域。吉林大学的科研团队亦有显著成果，

---

① 《吉林：以科技创新推动产业创新，加快形成新质生产力》，吉林省科协公众号，2024 年 1 月 23 日。

如成功发射"吉林大学一号"卫星并与国际科学家合作，获得了月球表面精确化学成分分布图，这些成果均填补了国内外科技空白。二是在医药生物技术领域，长春百克生物成功研发并推出国产带状疱疹减毒活疫苗，打破了国外垄断，增强了国内医药生物技术的自主创新能力。三是在能源与运输领域，一汽红旗和一汽解放推出的新型氢能发动机以及中车长客在杭州亚运会上展示的轨道交通车辆均展示了吉林省在这一领域的前瞻性。四是在资源勘探领域，万米钻机"地壳一号"的开发加强了地质探测能力，促进了资源勘探和环境研究，进一步证明了吉林省在科技创新与应用方面的综合实力和战略眼光[1]。

2. 产业升级与数字化转型

吉林省在产业升级和数字化转型方面采取了一系列有效措施。特别是在智能制造和高端装备制造领域，如中国一汽和长春新区的发展，通过实施新能源和高端装备制造项目，显著提升了制造效率和产品质量。此外，战略性新兴产业快速发展，如 2023 年上半年战略性新兴产业产值占比提高 1.3 个百分点[2]，其中包括高分 03D34 星等卫星的成功发射升空、吉林化纤集团 T800 级以上工程化项目的快速建设等。

（三）谋划可行目标，促进成果转化

1. 政策倡导与产业聚焦

吉林省政府明确提出通过实施方案来抢占新的产业赛道。以氢能产业和新型储能产业为例，预计到 2030 年，氢能产业的产值将达

---

① 《现代化产业体系催生新动能——回望 2023 吉林实践（三）》，吉林省人民政府官网，2023 年 12 月 24 日。

② 《宋冬林：加快形成新质生产力 推动吉林省高质量发展》，经济纵横编辑部公众号，2024 年 1 月 24 日。

到 300 亿元，同时，储能产业规模将在"十四五"末达到 50 万千瓦以上。这些政策不仅展示了政府对未来能源转型的承诺，也反映了对环保和可持续发展的重视。通过这些策略，吉林省旨在建立一个更加绿色、高效的能源系统，以支持地区经济的持续发展和工业现代化。

2. 实地应用与示范项目

在具体实施方面，吉林省推广了包括"智转数改"在内的多个示范项目[①]，这些项目旨在通过智能制造示范工厂和数字化车间的建设来实现生产过程的现代化。此外，省政府还在新能源消纳、氢基绿色能源应用等方面进行了深入探索，以提升清洁能源的整体利用率。这些措施不仅有助于提升地方制造业的技术水平和生产效率，还有助于构建更加可持续和环境友好的产业生态。

（四）夯实城市基础，支撑建设现代产业体系

1. 资源优化与环境改善

吉林省利用丰富的自然资源推动了"陆上风光三峡"等绿色能源项目的开发。这些项目不仅增强了省内的能源自给能力，还通过减少对化石燃料的依赖，显著减少了环境污染。为了进一步优化资源和改善环境，吉林省已经开始建设新基建、新环境、新生活、新消费的"四新设施"。这些设施将为新质生产力的发展提供坚实的基础设施支持。例如，新基建将包括更新的电网、更智能的交通系统和更高效的数据中心；新环境的建设将包括更环保的城市规划和建筑设计，以及更绿色的能源解决方案；新生活和新消费则意味着更高的生活质量和更可持续的消费模式。

---

① 《瞭望 | 吉林发展新质生产力一线观察 动能澎湃向"新"行》，新华网，2024 年 3 月 30 日。

2.加快现代化产业体系建设

吉林省着力加强现代化产业体系的建设，着力发展大农业、大装备、大旅游、大数据，构建多元化的现代产业体系。大农业领域，依托肥沃的黑土地，推进农业科技创新，发展精准农业和智能化农业机械，提升粮食作物和经济作物的产量和品质。同时，加强农产品深加工和品牌建设，延伸农业产业链，增加农民收入。在大装备领域，吉林省以轨道交通、汽车制造和农机设备为重点，加大研发投入力度，推动智能制造和工业互联网的应用，提升产品的技术含量和附加值。同时，促进军民融合深度发展，探索军用技术向民用领域的转化应用。大旅游方面，吉林省以其独特的自然景观和文化遗产为依托，如长白山、伪满皇宫博物院等，发展生态旅游、文化旅游和冰雪旅游，打造特色旅游品牌。同时，提升旅游服务质量，构建全域旅游发展格局。在大数据和其他新兴产业方面，吉林省积极布局云计算、物联网、人工智能等前沿科技领域，推动数字经济发展。通过建设数据中心和创新平台，吸引高科技企业和人才集聚，形成新的经济增长点。

三、黑龙江哈尔滨新区：聚焦科技创新，引领产业全面振兴

哈尔滨新区立足区域资源禀赋和发展实际，围绕资本、技术、人才、管理、制度等领域全面探索，通过理论创新、制度创新、组织创新，以高端化、智能化、绿色化为主攻方向，改造提升传统产业，加快培育新兴产业，为发展新质生产力提供新实践，通过科技创新引领产业全面振兴。

（一）依托优势夯实新质生产力培育基础

哈尔滨新区政策优势突出。哈尔滨新区 2015 年 12 月 16 日获批设立，具有国家级新区、经开区、自贸区、自创区（高新区）叠加交汇的独特优势，承担起国家赋予的中俄全面合作重要承载区、东北地区新的经济增长极、老工业基地转型发展示范区和特色国际文化旅游聚集区"三区一极"战略使命。

哈尔滨新区具备新质生产力发展的良好基础。通过壮大创新主体力量、构建开放合作的创新平台、聚焦核心技术突破以及打造科技成果转化高地等重要举措，哈尔滨新区加速发展新质生产力，重塑现代化产业格局，正在形成一条以科技创新为核心驱动力，引领区域产业全面振兴的崭新路径。截至 2024 年 4 月，哈尔滨新区高新技术企业达 1281 户，占黑龙江全省的 29%；入选国家级"小巨人"企业 14 家，占全省的 35%；省级专精特新企业 169 家，占全省的 30%；高新技术产业产值占规模以上工业总产值的比重达 54.49%[①]。先后获评海外高层次人才创新创业基地、全国首批科技服务业区域试点、全国军民协作示范区、省科技成果转化示范区、国家级"科创中国"试点园区及第二批试点城市。

（二）突出特色描绘新质生产力未来图景

当前，加快形成新质生产力的热度在哈尔滨新区不断攀升。通过前期紧锣密鼓的调研，《哈尔滨新区加快形成新质生产力的工作方案》即将出炉，哈尔滨新区勇当引领全省加快发展新质生产力的榜样标杆。

目前，哈尔滨新区充分发挥高端创新要素集聚效应，正在梯次布

---

① 《发挥"基因优势"聚力培育新质生产力》，哈尔滨市人民政府网，2024 年 3 月 30 日。

局谋划未来产业，将率先在全省形成生物经济、数字经济、高端装备制造等 2~3 个具有全国乃至全球竞争力的创新产业集群。依托深哈产业园科技创新增量器和哈工大航天未来产业园，充分发挥高端资源集聚、科技创新活跃、应用场景丰富等优势，重点发展新一代信息技术产业、新材料产业、高端装备制造产业等新兴产业；聚焦数字技术、半导体、先进传感器、物联网、人工智能等领域，加快形成新一代信息技术产业生态体系；积极发展高端金属新材料、锂电池材料、碳纤维复合材料等新材料产业，打造百亿级国内一流的特色高端新材料产业集群；以巩固提升装备工业优势领域为核心，重点发展机器人、智慧农业装备、新能源汽车等领域，建设国家高端装备制造业基地[①]。特别是对专精特新企业进行精准画像，建立"梯队培养"的储备库、后备库，全力打造全省专精特新企业集聚区，加速形成新的百亿级、千亿级产业集群，全力培育新质生产力[②]。新技术方兴未艾、新场景不断涌现、新布局加速推进，在哈尔滨新区，一幅幅"含新量"十足的新图景正在不断涌现。

（三）创新举措为科技企业保驾护航

1."科技 + 创新"双向引领，打造科技企业发展"双引擎"

哈尔滨新区高度重视科技创新引领产业全面振兴。近年来，哈尔滨新区全社会研发投入占 GDP 的比重达到了 3.42%，科技创新领域涌现了一大批引以为傲的企业群体。在发展模式上，哈尔滨新区采取"科技服务 + 技术交易"模式，聚焦科技成果就地转化和产业化，集

---

① 《聚合提"质"产业向"新"——哈尔滨新区加快发展新质生产力观察》，新华网，2024 年 3 月 22 日。

② 《哈尔滨新区整合科技创新资源引领发展战略性新兴产业》，哈尔滨新闻网，2023 年 10 月 27 日。

汇聚、展示、评价、交易、金融、培育、服务、合作、衔接九大功能于一体，打通科技成果转化的难点堵点，构建科技成果转化全链条服务体系，推动哈尔滨科技要素资源向全省开放共享。未来，哈尔滨新区将继续聚焦科技创新，加快培育新质生产力，争取到2026年高新技术企业总数达到2000家以上，高新技术企业总产值占工业总产值超过50%，实现科技成果转化1500项以上，促进数量与质量双倍增。同时，哈尔滨新区还推进创意设计与冰雪经济、生物经济、文旅产业深度融合，形成创新发展生态体系和宽领域合作格局。下一步，哈尔滨新区多方发力，切实发挥"科技"和"创新"双引擎作用。一是强化科技创新主体培育。建立健全以市场需求为导向、以人才技术为支撑、以政策资金为保障、产学研深度融合的创新主体培育机制。二是加强科创平台载体建设。立足数字经济、生物经济、高端装备制造等重点产业方向，推动建设一批企业主导、政府参与的中试基地、验证中心等公共服务平台，不断提升技术创新和产业发展服务能力。三是加快构建科技创新生态、推进各类创新要素加速聚集。

2. "政策＋服务"双向发力，为科技企业发展"双护航"

哈尔滨新区紧紧围绕构建企业高质量发展的优渥生态，坚持"刚柔并济"的服务理念，推动"硬政策"与"软服务"双驱动，不断优化政策申报流程，拓宽"免申即享"政策范畴，创新政府服务，为科技企业插上快速发展的翅膀。

哈尔滨新区在政策扶持上持续发力，密集推出"黄金30条""温情21条""新驱25条"等一系列全方位的支持政策，精准对接企业需求。同时，在政务服务大厅开通政策"直通车"，设立一站式政策兑现窗口，提供个性化、贴身式的政策咨询与服务，确保政策红利直达企业。为激发经济新动能，哈尔滨新区还制定了专项规划推动数字经济、生物经济等"四大经济引擎"高质量发展，进一步加强企业技术创新激励举措，鼓励企业加大研发投入，推动产业加速升级转型。2021年以来，哈尔滨新区已成功争取并分配科技企业发展资金总计超10亿元，其中通过直接奖补形式发放的接近半数资金（约5亿元），特别是"免申即享"政策，为高科技企业直接注入资金超过1亿元，有效促进了科技企业的发展壮大。

哈尔滨新区一方面充分利用省市人才政策，另一方面积极推出针对重点产业人才发展的专项服务举措，搭建"智汇新区"综合服务平台，实施了包括人才资金扶持、创业创新补贴在内的32项政策举措，全方位覆盖住房、教育、医疗、托幼等生活领域，构建起多维度、立体化的人才引进与服务体系。为激发人才活力，哈尔滨新区不断创新人才管理机制，构建创新创业人才分级奖励制度，形成以创新能力、成果、质量及贡献为核心的人才评价体系，不断优化科学技术奖励政策，加大对自主创新人才及创新创业企业的表彰与激励力度。这一系列举措不仅吸引了孙家栋、刘永坦等顶尖院士科学家在哈尔滨新区设立工作站，还推动院士、博士科研工作站数量攀升至19个，省级领军人才团队项目增至22项，并成功引入高层次研究生人才超1.53万名，促使5000余名黑龙江籍优秀人才返乡发展，为哈尔滨新区注入了强大的智力支持与人才动力。

哈尔滨新区特别组建了企业投资服务中心，并建立专项工作团队，实施"一对一"定制化指导与服务，同时实行区领导重点企业包联制与部门行业包保制，形成一套全方位、精细化的服务体系。在创新服务模式上，松祥街道率先探索，建立了全省首个无居民"科创数字商务社区"，为区域内高科技企业提供便捷的上门服务，显著提升了服务效率与质量。此外，哈尔滨新区纪委监委还创新性地设立了驻厂监督联络员制度，并公开投诉举报渠道，高效处理了151起涉及企业的投诉案件，为优化营商环境、保障企业权益提供了坚实保障。

3."数量＋质量"双轮驱动，推动科技企业发展"双提升"

哈尔滨新区充分利用科技创新的倍增效应，精心打造科技企业"萌芽—成长—壮大"的全生命周期培育链条，帮助科技企业实现从无到有、由小到大、自弱至强的重大转变，孕育出一批具备高成长潜力的科技新星与创新领航企业，实现了科技企业数量和质量的双重飞跃，引领多个行业领域实现"换道超车"。

在中小型科技企业孵化方面，哈尔滨新区不遗余力地激励创新创业，为科研人员、大学生及国内外知名科技企业搭建起创业的广阔舞台。通过精准服务策略的实施，比如定期对中小企业开展评价申报培训等，哈尔滨新区成功催生了大量中小型科技企业。数据显示，2021年哈尔滨新区新增科技型中小企业859家，2022年再增加777家；截至2023年底，新增数量已攀升至781家，占比更是跃升至43%，充分展现了哈尔滨新区作为科技创新热土的强大吸引力与孵化能力。

针对高新技术企业的培育，哈尔滨新区更是将其视为推动区域全面振兴的核心引擎。通过集聚创新资源，加大对企业技术创新的政策扶持，极大提升了企业的创新动力与积极性，实现中小型科技企业向高新技术企业的华丽转身。数据显示，哈尔滨新区高新技术企业总数从2019年的258家增长至2020年的924家，占全市的比例增至40.14%。2023年哈尔滨新区高新技术企业数量已经突破1100家，继续引领科技创新的浪潮。

在助力创新型企业迈向更强之路上，哈尔滨新区建立了全方位、多层次的创新型领军企业上市培育体系。通过完善机构设置、实施梯队培育、强化政策扶持、拓展股权融资渠道、加强宣传引导等举措，哈尔滨新区构建了"培育—股改—辅导—申报—上市"的完整链条。哈尔滨新区建立了企业上市培育库并出台了《哈尔滨新区企业上市培育库管理办法》，还通过开通政策解读专线等方式给上市企业提供精准服务。此外，哈尔滨新光光电科技股份有限公司企业技术中心、中国航发哈尔滨轴承有限公司企业技术中心获得国家企业技术中心称号，哈尔滨艾拓普科技有限公司、哈尔滨瀚邦医疗科技有限公司等企业入选全国第 5 批专精特新"小巨人"企业名单，哈尔滨敷尔佳科技股份有限公司成功登陆资本市场，共同书写了哈尔滨新区创新发展的辉煌篇章。

4."渠道＋载体"双翼齐飞，筑牢科技企业发展"双保险"

哈尔滨新区对科技创新资源深度整合，构建形成高效协同的产业联盟体系，并搭建起产业联动与资源互补的综合性服务平台。通过提升活动品牌的影响力，有效促进科研成果的本地转化，精心布局"强化优势与弥补短板"并进的创新链条，哈尔滨新区战略性新兴产业与未来产业蓬勃发展，创新生态的整体效能与竞争力全面提升。

哈尔滨新区积极组建产教联合体，涵盖数字经济、生物医药、先进制造、国防工业、电子商务、文旅创意及绿色食品等多个领域，形成科技成果转化联盟。同时，加强与国家级、省级科协组织紧密合作，形成了"科创中国"服务对接机制，汇聚供需信息、项目资源、专家智库与资金支持，形成四库联动的创新服务网络。此外，哈尔滨新区还依托深哈产业园，打造全省数字经济核心示范高地，推动将生物经济板块建设成国家级生物医药产业基地与集聚发展示范区。哈尔滨新区针对专精特新企业构建梯队式培养体系，日益成为全省专精特新企业的汇聚地。2023 年，哈尔滨新区成功举办 17 场科研成果信息对接会，征集了超过 700 项科技成果，并收集了 360 余项企业需求，有效促进了产学研用的深度融合。

聚焦生命健康、人工智能、精密制造、新材料及信创等前沿领域，哈尔滨新区布局建设了一系列国家级实验室、技术创新中心以及企业工程技术中心，建立了集企业需求征集、发布、精准匹配与协同发展于一体的产业联动平台，极大提升了孵化项目的质量与孵化服务的效能，为优质科技成果的转化落地提供了有力支撑。

哈尔滨新区还紧紧抓住"科技赋能东北振兴，创新驱动产业发展"国家科技计划成果路演行动等机会，通过"走进深哈园区""亲清茶叙""融在新区·相邀周五"等品牌活动，搭建起产业发展、金融资本、科技成果与地方需求之间的桥梁，成功打破科技创新的孤岛效应，推动哈尔滨新区内部资源的顺畅流通与高效配置。在2023年国家科技计划成果路演行动哈尔滨高新区专场中，120余家创投机构参与其中，征集到500余项四大领域的成果项目，并促成现场洽谈对接21项，17家企业与投资机构达成深度合作。同时，银企对接会活动为驻区企业提供了21亿元的保险保额支持、23.91亿元的授信贷款以及4760万元的知识产权质押融资担保，为哈尔滨新区企业发展注入强劲动力。

参考文献

[1]   万秀斌，史自强.在对接京津、服务京津中加快发展 河北着力完善协同创新体系 [N].
       人民日报，2024-05-20.

[2]   大力推进现代化产业体系建设 加快发展新质生产力 [N]. 信阳日报，2024-03-18.

[3]   王正谱.政府工作报告——2024 年 1 月 21 日在河北省第十四届人民代表大会第二次
       会议上 [R]. 2024.

[4]   王鹏.建设全球数字经济标杆城市：北京经验与发展思路 [EB/OL]. 中国日报网，
       2023-08-25.

[5]   王璐丹，宋平，辛波.去年京津冀技术合同成交 1.2 万亿元 [N]. 河北日报，2024-04-28.

[6]   冯阳.产业焕新，河北加快形成新质生产力 [N]. 河北日报，2023-11-03.

[7]   史丹，许明，李晓华.推动产业链与创新链深度融合 [N]. 经济日报，2021-12-03.

[8]   龙奋杰.以新质生产力赋能河北高质量发展 [N]. 河北党校报，2023-04-20.

[9]   刘士安，杜海涛，谢卫群，等.上海加快培育世界级高端产业集群 [N]. 人民日报，
       2024-06-04.

[10]   刘保奎，郭叶波，张舰，等.长三角地区服务引领新发展格局的战略重点 [J]. 宏观经
       济管理，2022（02）：21-28.

[11]   园博会给合肥带来了什么？ [N]. 安徽日报，2023-09-28.

[12]   张永强.全方位培养和用好青年科技人才路径探索——以河北省为例 [J]. 团结，2023
       （06）：28-30.

[13]   张振，陈思锦.深入推进长江经济带发展"1+N"规划政策体系实施 [J]. 中国经贸导
       刊，2021（22）：4-11.

[14]   李治国.建好用好"大科学装置" [N]. 经济日报，2024-05-09.

[15]   沃野田畴织锦绣 [N]. 信阳日报，2023-12-23.

[16] 肖金成，张燕，等.京津冀协同发展[M].沈阳：辽宁人民出版社，2023.

[17] 欧阳思佳.私募股权投资基金估值对财务核算的影响研究[J].商业观察，2023（04）：37-40.

[18] "国字号"盛会缘何"落户"合肥？[N].合肥晚报，2021-04-24.

[19] 河南：红绿融合走好共富路[N].中国文化报，2024-02-24.

[20] 邱国良.加快推进创新链人才链深度融合[N].光明日报，2023-01-19.

[21] 邱爱军，赵军洁.都市圈协同创新机制设计——基于长三角G60科创走廊的实践经验[J].科技和产业，2023，23（08）：203-206.

[22] 侯琳良，赵展慧，常碧罗.耕好改革开放试验田[N].人民日报.2021-12-28.

[23] 姜长青.统筹推进首都新质生产力发展高地建设[J].前线，2024（05）：48-51.

[24] 赵兵，王洪峰，曹阳葵，等.抓住关键才能更好解决问题——看企业上云怎样让河北传统产业"智能进化"[N].河北日报，2024-05-10.

[25] 骆大进.2023年上海科技进步报告[R].2024.

[26] 真抓实干，着力推动高质量发展[N].人民日报，2022-12-18.

[27] 贾若祥.开创中部地区崛起新局面[J].中国发展观察，2021（09）.

[28] 贾若祥.扎实推进长江大保护 深入打好长江保护修复攻坚战[J].中国环境监察，2023（01）：38-40.

[29] 深入学习贯彻党的十九届四中全会精神 提高社会主义现代化国际大都市治理能力和水平[N].人民日报.2019-11-04.

[30] 郭叶波.长三角一体化高质量发展的重要进展与未来展望[J].中南林业科技大学学报（社会科学版），2023，17（04）：39-50.

[31] 傅晓.整合创新力量 促长三角科创一体化[N].第一财经日报.2019-12-04.

[32] 黄征学，潘彪.构建高效创新生态体系发展新质生产力[N].经济参考报，2024-04-17.

[33] 滨海新区政府.新区加速推进氢能产业示范园建设[EB/OL].天津市人民政府网，2020-08-21.

[34] 愿得茶香飘四海 不负青山不负人[N].信阳日报，2023-05-04.

[35] 熊丽.综合国力迈上新台阶[N].经济日报，2022-03-17.

[36] "潮"信阳绘就文旅出彩新画卷[N].河南日报，2023-06-29.

[37] "豫才回归"打造生物科技"领头羊"[N].河南日报，2023-08-18.

后记

因地制宜发展新质生产力，是党中央对各地立足实际、有序发展新质生产力提出的重大要求及方向指引。《因地制宜发展新质生产力：实践篇》作为中国宏观经济研究院（以下简称宏观院）"因地制宜发展新质生产力丛书"中的一册，旨在从地方实践层面梳理总结各地培育发展新质生产力的重大举措及经验做法，帮助读者更好地了解掌握新质生产力培育发展的有效路径，为切实推动因地制宜发展新质生产力提供实践支撑。

本书编写组成员主要来自宏观院国土开发与地区经济研究所，编写组在研究撰写过程中多次组织开展内部讨论，认真研究本书在丛书中的定位、研究基本框架、核心观点和主要内容，书中关于新质生产力的研究成果和主要观点汇聚了宏观院国土开发与地区经济研究所的集体智慧。宏观院决策咨询部、中国发展出版社为本书的出版作了协调、编辑等工作。本书成稿过程中，还得到中国社会科学院经济研究所黄群慧研究员，宏观院副院长宋葛龙研究员、原副院长马晓河研究员、原副院长吴晓华研究员，国家发展和改革委员会学术委员会秘书长刘中显研究员，宏观院决策咨询部主任孙学工研究员，对外经济研究所所长罗蓉研究员，投资研究所所长杨萍研究员等专家学者的宝贵意见和建议，在此一并表示诚挚感谢。

本书编写组

2024 年 11 月